3時間で頭が論理的になる本

出口 汪

PHP文庫

○本表紙図柄＝ロゼッタ・ストーン（大英博物館蔵）
○本表紙デザイン＋紋章＝上田晃郷

はじめに

誰でも頭がよくなりたいと思いながらも、大抵の人は生まれつきだと諦《あきら》めてしまっているのではないでしょうか？

「論理力」の土台になるのは、言葉の規則に従った頭の使い方です。そのわずかな規則を知ったうえで言葉を使うかどうかによって、その人の頭の使い方は変わってくるし、その人の人生そのものが変わるといっても言いすぎではありません。それなのに、多くの人がそのわずかな言葉の規則を知らないために、随分と損をしています。

日本人の平均寿命は、平安時代は四〇年、それが織田信長の頃には五〇年、今や八〇歳まで生きる時代です。一〇〇歳まで生きる時代が、そのうちやってくるでしょう。たしかに肉体の寿命は延びましたが、果たして頭の寿命を一〇〇歳まで延ばすことはできるでしょうか？

そのためには、一日でも早く「論理的な頭の使い方」に習熟するべきです。学習や受験、そしてビジネスにおいて、「論理力」はあらゆる場面であなたを助けてくれるでしょう。

私は今まで考える力をつけるための一般書を数多く刊行してきました。『「論理力」のある人が成功する』『考える力をつける本』『すぐ身につく論理力の本』『論理的に考える、私の方法』『「論理力」最強トレーニング』『論理的なコトバの使い方&文章術』『「論理エンジン」が学力を劇的に伸ばす』など、幸い多くの読者に好意的に迎えられてきました。本書はそれらの集大成であり、ダイジェスト版であると同時に、さらに新しい内容も多く書き加えています。

また、本書を読む3時間程度で論理的な考えが少しでも身につくよう、こころがけました。この一冊で私の今までの本のおいしい部分を手に入れることができます。言葉の規則を知って「論理的な頭の使い方」を身につけてください。

出口　汪

◉3時間で頭が論理的になる本――目次

第2章 「論理的な読み方」を身につけよう

第3章　「論理的な話し方」を身につけよう

第4章 「論理的な書き方」を身につけよう

第5章 「論理的な頭」をつくろう

第1章

「論理的な考え方」を身につけよう

1 論理とは何か
論理は「他者意識」から生まれる

「論理」が芽生えるとき

「論理」とは、決して難しいものではありません。子どもでも自然と使いこなせるようになるものです。

論理とはどういうものなのか。まず、そこから始めましょう。

私たちは、たとえ家族であっても、恋人であっても、それぞれに別個の肉体を持ち、別々の経験をする限り、お互いにそう簡単にわかり合えるものではありません。歯の痛み一つとっても、私たちは共有することができません。

そう感じるときに生まれるのが「他者意識」です。この他者意識が論理を生みます。

人間の成長に即して考えてみましょう。

幼い子どもは、泣けば母親が自分の気持ちをくみ取り、何とかしてくれると信じています。

親がわかってくれないときには、むずかればそれで何とかなります。

そんな子どもが、保育園か幼稚園に通い始めたときに変化が起こります。

そこには、自分の気持ちを推《お》しはかってくれない他者が存在し、そんな他者とコミュニケーションを図らなければなりません。そのとき、幼い子どもの心に、徐々にではありますが、論理が芽生えてきます。

やがて子どもは成長し、自分の気持ちはそう簡単に相手に伝えることができないと知ります。

たとえば、あるとき、店先に並んだおもちゃがかけがえのないものに思え、「お母さん、あのおもちゃ、買ってよ」とねだったとき、母が「駄目よ、あんなおもちゃ」とにべもなく断ったとします。

そのおもちゃは少なくともその子どもにとっては他のおもちゃとは取り替えようのないものです。しかし、お母さんはその気持ちをわかってくれません。そのとき、その子どもにとって母親は他者です。

そう思ったとき、子どもは「でも、○○君も持ってるよ」と言います。あるいは、「先生もそれいいねって言ってたよ」と言うかもしれません。

「○○君も持ってるよ」は具体例で、「先生もそれいいねって言ってたよ」というのは引用です。これらは立派な論理的説明です。

このようにして、私たちは他者に向かったときに、自分の考えや思いを、筋道を立てて説明しようとするようになるのです。

他者意識の強い人は論理的になる

男は「女がわからない」と嘆き、女は「男がわからない」と言います。上司は「近頃の若者は」と嘆き、部下はかげで上司の悪口を言います。

しかし、本来人は人をそう簡単には理解できないものです。だから、筋道を立てるしかありません。そこに「論理」が発生するのです。

他者意識の強い人ほど、論理力が身についていきます。論理は決して難しいものではなく、他者意識を持てば、自然と生まれてくるものなのです。

論理が生まれるとき

そのとき、子どもにとって母親は他者

**他者に向かって自分の考えや思いを
筋道を立てて説明しようとする**

2 「自立心」が論理力を発達させる
自立のための通過儀礼

思いは簡単には伝わらない

論理とは、物事の筋道です。

自分の考えや思いはそう簡単に人には伝わらないと思うから、私たちは筋道を立てて説明しようとします。

そこに論理が生まれます。

ですから、「ムカツク」「ビミョー」「ヤバイ」などといった感覚的な言葉だけでお互いにわかり合っていると信じている人間には、論理は発生しません。

私たちが親から離れ、自立するのは、中学生の頃が一般的です。

子どもは自立した瞬間、親を対象化し始めます。

思春期と呼ばれるこの時期に、多くは父親に男を、母親に女を見、その先に社会を見据《みす》えて批判し始めます。

だからこそ、思春期は孤独に陥《おちい》りやすいのです。反抗、非行、自殺などは、この時期に多く見られる現象であり、同時に異性への関心が芽生え始めるのもこの頃なのです。

初恋は論理の母

初めて人を好きになった瞬間、相手は謎めいてきます。

相手の言動でその気持ちを読み取ろうとするのですが、恋の未経験者にとって、それはきわめて困難です。

男の場合、大抵は現実とは別個に、理想の女性像をつくり上げ、その感傷に浸りきることになります。

それゆえ、初恋はうまくいかないものです。そして、失恋によって、自分ではどうにもならない他者の存在を知ります。

それが真の意味で親から自立するきっかけともなるのです。

初恋は大人になるためのある種の通過儀礼であるといえます。

だから、この時期にうまく自立できない男は、女を物のように扱ったり、逆に女性恐怖症に陥ったりするようになることがあります。

他者に向かって筋道を立てる

現代において、大人になるためのもう一つの通過儀礼は、受験ではないでしょうか。

予備校で何でも講師に頼り切る受験生がいます。こうした受験生は、受験に失敗するケースが多く、そして、その失敗をその講師や親、そして環境のせいにします。

受験においては、勉強するのは自分であり、親も講師も誰も助けてはくれません。そういった覚悟ができたときに、初めて自立した大人になるのであって、通過儀礼に失敗した子どもはいつまでも大人になりきれません。

受験は、自立した大人になるための通過儀礼ととらえられるのです。

私は一八歳前後の受験生に向かってこう語りかけます。

どうにもならない「他者の存在」を知る

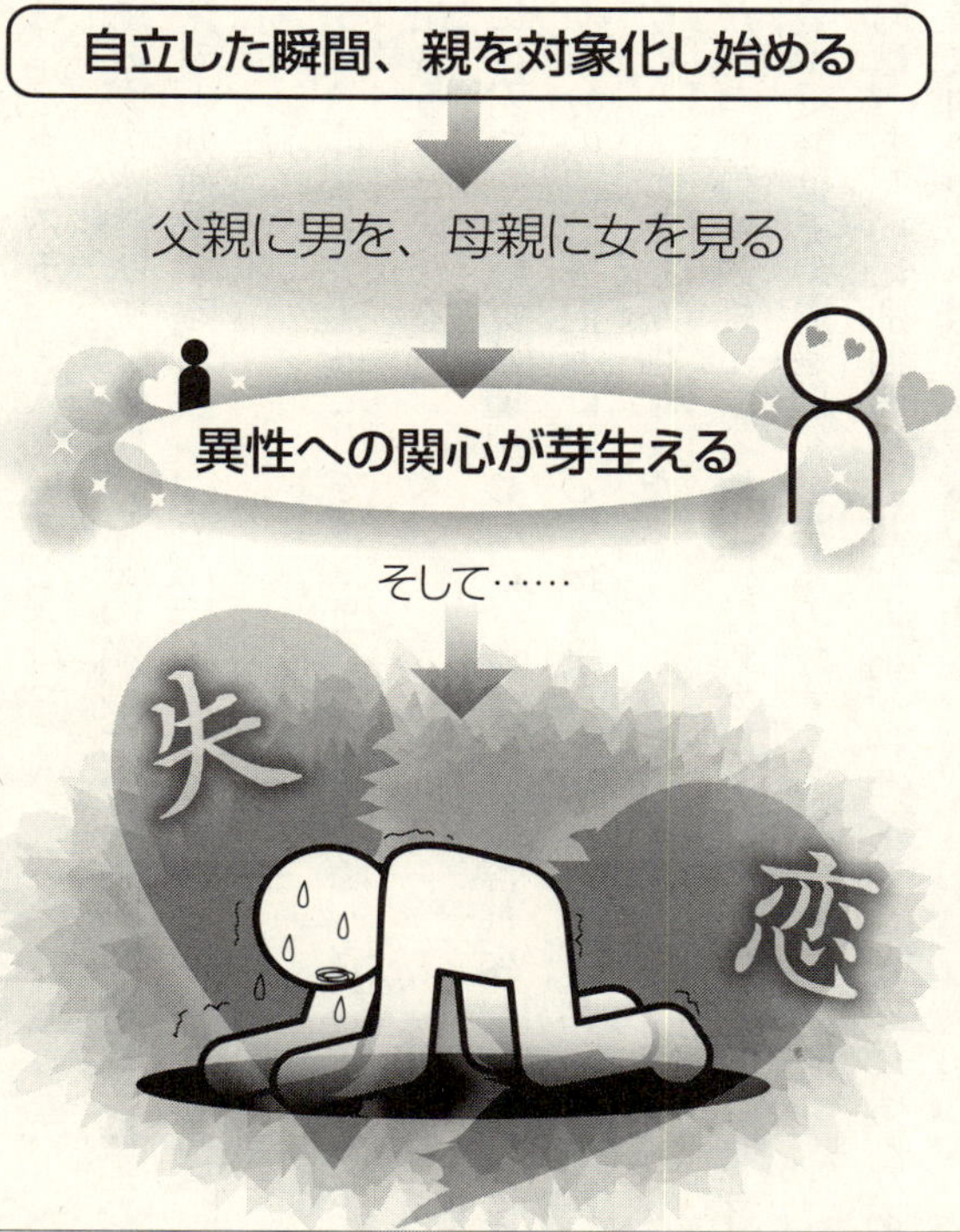
自立した瞬間、親を対象化し始める
父親に男を、母親に女を見る
異性への関心が芽生える
そして……
失
恋

**失恋で、自分ではどうにもならない
他者の存在を知る**

「君たちは家族と話すとき、どれだけ筋道を立てて話しているか？　友だちと話すときは、どうだろう。恋人といるときは？

家族も友だちも恋人も、すでに自分の領域にいる人物だから、筋道を立てなくても感覚で十分通用するだろう。そんな人たちだけに囲まれていれば、生きていくのに何の支障もない。

ところが、君たちが社会に出ていくと、職業も年齢も立場も異なるさまざまな人間と出会うことになる。

彼らには君たちの感覚は通用しない。自分とは相容《あいい》れない、いわば他者である。君たちが自分の意志を他者に対して伝えようとするとき、唯一の手段は筋道を立てて話すこと、つまり論理なのだ」

論理が他者意識を前提とする以上、論理を身につけるために自立は不可欠であり、恋愛や受験はその通過儀礼となるのです。

私たちは、お互いに別個の自立した人格を持っているという意識があるからこそ、他者に向かって筋道を立てるのです。

受験によって「自立」の覚悟ができる

3 曖昧な言葉を使わないようにしよう

感覚的な言葉と抽象的な言葉

曖昧な言葉は曖昧な頭をつくる

言葉を使わずにものを考えてみてください。

「わからない」「つまらない」、これらはすべて言葉であり、私たちは言葉を使わずに考えることなどできないと気づくでしょう。

「わからない」という言葉を使わずに、「わからない」と思うことは不可能なのです。思考も感覚もすべて言葉によるもので、私たちは言葉がなければ考えることも感じることもできないのです。

私たちは外界のあらゆるものをいったん言葉に置き換えて認識し、整理しています。

ものを考えるということは、言語化という行為と無関係にはあり得ませんから、言葉を曖昧《あいまい》に使う人は、曖昧な頭の使い方しかできず、それゆえに論理的思考が苦手です。

言葉は毎日使うものです。朝、昼、晩ご飯を食べるように、いやそれ以上に私たちは日々言葉を使い続けます。

もともと明晰《めいせき》な頭脳を持ち合わせていたところで、言葉をいい加減に使う人は、やがてその言葉の使い方に応じた頭の使い方をするようになります。これは怖いことです。

その日一日の自分の言葉の使い方を思い出してみましょう。いかがでしょうか。自分のことはわからないというのなら、周囲の人たちの言葉の使い方を注意深く観察してみてください。

朝から晩まで、「超楽しい」「ムカツク」「ビミョー」など、同じような言葉の使い方をしていないでしょうか。

他者意識の弱い人ほど、言葉の使い方が曖昧になります。

「それでも相手に伝わるからいいじゃないか」と気に留めないでいると、やがてそのような頭の使い方しかできなくなってくるから恐ろしいのです。

抽象的な言葉を身につけよう

論理力を身につけるためには、「概念」「対象」「背理《はいり》」などの抽象的な言葉の習得は避けることができません。抽象語が使えないということは、そのまま抽象的思考ができないことを意味します。

現代の若者の多くは感覚的な言葉の使い方しかできません。それが現代の国語力の低下につながっています。

国語力の低下とは、日本語ができないことよりも、そのことによって抽象的・論理的思考ができないことのほうが問題なのです。

私の少し上の世代は全共闘世代で、彼らはマルクスや吉本隆明などの本を読み、やたら難しい言葉を訳もわからずに振り回し、議論をふっかけていました。

私はもっとわかりやすく言えばいいのにと不満に思っていましたが、今の若者たちを見ていると、あれでよかったのかもしれないと思いだしました。あれはあれで一種の言語訓練になっていたのだと思います。

感覚的な言葉ばかり使っていないか

曖昧な言葉づかいをしていると
論理的思考が苦手になる

若いときは少しぐらい背伸びをして、抽象的な言葉を使ってみる、そんな時期があってもいいのではないでしょうか。そのことによって、無意識に論理的思考能力を養成していたのです。

脳細胞の若いときに、抽象的な言葉をわけもわからず使いまわすことが必要だったのです。

それが言語訓練になり、脳細胞を鍛えることにつながりました。

今の若い世代は議論を嫌います。子どものときから、音楽、アニメ、ゲーム、ケータイなどにどっぷり浸《つ》かっています。

それ自体を決して否定する気はありませんが、彼らはいったいどこで抽象的な言葉を習得し、頭脳を鍛えているのかと思います。

「ウザイ」「キモイ」「ヤバイ」など感情的・感覚的な言葉しか使えなくなったとき、論理を喪失《そうしつ》したヒステリックな感情人間が生まれます。

感覚的な言葉ばかり使っていないか意識してみること、そして抽象的な言葉を習得することが論理力を身につけるために必要です。

抽象的な言葉で頭脳を鍛える

論理力を身につけるには、
抽象的な言葉の習得は避けられない

4 論理はすべての学びの土台
試験では論理力が決め手になる

論理力がなければ知識が身につかない

たとえば、私たちが「男」と「女」という言葉を手にしたとき、論理は自然発生しました。

初めて人間一人ひとりの共通の性質に着目したとき、「男」「女」という言葉が生まれ、このとき、言葉はすでに「イコールの関係」という論理を持って生まれたのです（「イコールの関係」についてはのちほど詳述します）。

そして、「男」と「女」の違いに着目したとき、「対立関係」という論理が生まれました。

まさに、論理は言葉とともにあります。

言葉をギリシャではロゴスといい、そこからロジック（論理）が誕生しました。

言葉が生まれると同時に論理が生まれたのです。言葉がある限り論理はなくなりませんから、論理は普遍なのです。

私たちは外界や自分の内部に至るまで、すべてをいったん言葉に置き換え、整理します。そして思考します。

その方法や成果が学問ですから、すべての学問の土台には論理があるのです。

また論理とは、規則に従った言葉の使い方ですから、その規則を知らずに、言葉を闇雲《やみくも》に使っていては、それが学力へとはつながりません。

学問はすべて論理という約束事で成り立っています。それゆえ、大学受験でも資格試験でも、論理力が決め手となるのです。

試験で問われる「読解力」とは筆者の立てた筋道（論理）を読み取る力のことであり、「思考力」とはそれらを筋道を立てて考える力のことです。そして、「論述力」とは自分の考えを筋道を立てて書くことにほかなりません。

このように、学問すべてに論理が介在することを理解すれば、学習のコツはその論理を自在に操《あやつ》る訓練をすることだとわかるでしょう。

論理力のない人間がいくら努力したところで、所詮《しょせん》は整理されていない膨大《ぼうだい》な知識を詰め込むだけですから、何一つ身につくことがないのです。

国語力アップで数学の成績が伸びる

私は予備校で現代文を教えていますが、私の狙いは現代文という科目だけにあるのではなく、日本語で考える力、論理力を鍛えることにあります。

事実、現代文の成績が伸びることで、英語や数学の成績が上昇する生徒が多いのです。

論理が物事の筋道である限り、その筋道の立て方は、筆者が小林秀雄であろうが、サマセット・モームであろうが、吉田兼好であろうが変わりがありません。

数学の文章題もそれが問題である限り、そこには論理があります。日本語で書かれた文章を読んでその論理性を発見すれば、必ず数学の言葉に置き換えることができます。そこまでが国語力で、それ以後は数学の規則に従って、数値処理をすればいいのです。

逆にいえば、論理力のない人間は当然数学もできないのです。

試験で問われる3つの力

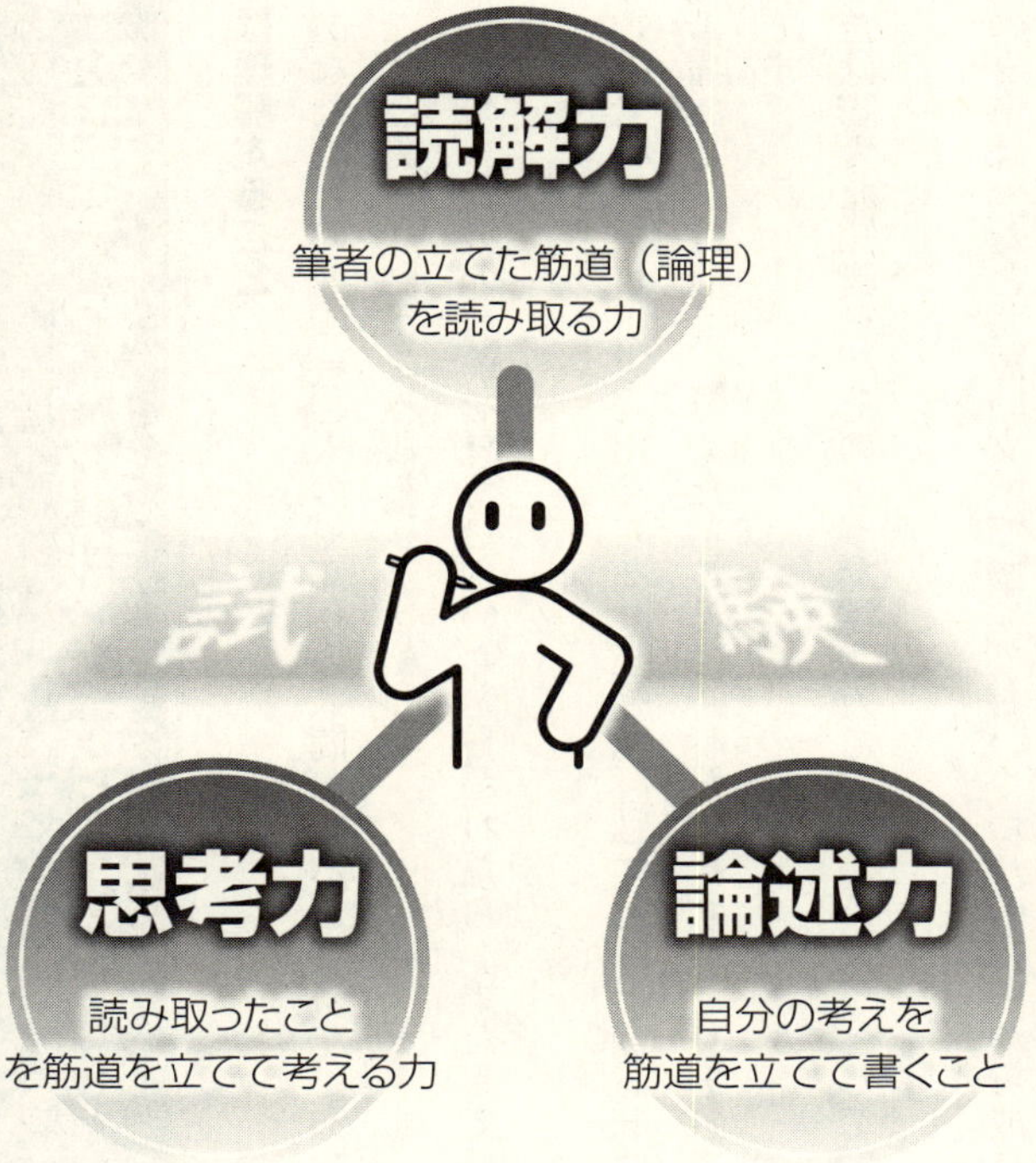

読解力
筆者の立てた筋道（論理）
を読み取る力
試
験
思考力
読み取ったこと
を筋道を立てて考える力
論述力
自分の考えを
筋道を立てて書くこと

**現代文で論理力を鍛えると
英語や数学の成績も上昇する**

5 整理された知識は忘れない

記憶を強化する方法

記憶とは理解すること

今、あなたの目の前に一〇人の見知らぬ人間がいるとします。あなたはその人たちと二度と関わり合うことはありません。

「さあ、この一〇人の名前を覚えなさい」と言われたら、果たして可能でしょうか？

私は覚えられないし、覚えたくもありません。私にとって無意味なことを覚えるほど苦痛なことはなく、覚えたところで一晩たてばすっかり忘れてしまっているからです。

あなたは膨大な知識を、そのような覚え方で身につけようとしていないでしょうか？

一つの文章は、たとえ短い文章であってもいくつかの言葉から成り立ち、その言葉の一つひとつには意味があります。しかし、私たちはその言葉の意味すべてを覚えようとはしません。

まとまった文章には筆者のメッセージが一つあり、それは筋道を立てて説明されています。私たちは、その筋道を理解し、筆者のたった一つのメッセージを読み取ります。そのことで、その文章は消化され、自分のものとなります。

「記憶」とは本来そういうものです。

歴史でも因果関係を理解し、個々の歴史的事項を整理します。その理解した段階で、歴史的事項はいったん頭脳に入り込みます。問題はこれからです。

記憶された事柄でも、時間がたてば消えていきます。これは人間の生理であり、避けようがありません。では、どうすればいいのでしょうか?

知識は反復することで定着する

理解しないで暗記したものは、結局使われることなく消えていく運命にあります。しかし、いったん理解し、整理された知識は、いつでも取りだして使いこなすことができます。使うことが大事なのです。

知識は使うためにあるもので、使っているうちに忘れなくなるものです。

人間は忘れる動物ですが、何度も使ううちに、知識は自分のなかに定着し、忘れなくなります。そうやって、核になるべき大切な知識をものにすると、後は雪だるま式に知識は増えていくのです。

ただし、雪だるまも芯になる雪玉が固まっていなければ、結局は崩れてしまいます。

記憶とは、理解し、整理することです。さらに、知識を使いこなすうちに、記憶は次第に定着していきます。

私たちは何もないところでものを考えません。英語でも数学でも大切な知識を記憶し、それを使って文章を読み、問題を解き、そして思考します。その知識が曖昧だと、文章は読めないし、ものを考えることもできなくなります。

私たちは、理解↓記憶↓思考といったサイクルのなかで、次第に知識を身につけていくのです。

知識を身につけるサイクル

事柄を理解し、
整理する

使いこなすうちに記憶が定着し
知識として身につく

6 言語処理能力を上げる
頭のなかに強力なOSを構築しよう

コンピュータはOSを進化させ続ける

私たちは、言葉を使わずに「暑い」と感じることはできません。

これはすでに述べてきたことですが、「暑い」と感じるのはたしかに皮膚であり、神経ですが、それを認識するのは言葉によってなのです。

私たちはあらゆるものをいったん言葉に置き換えて、認識し、整理します。それがやがて感情や感性、そして思考となります。

つまり、私たちはすべてを一度言語処理し、それからさまざまな仕事に取りかかるのです。その言語処理能力を上げることが、頭脳を鍛えるためには不可欠です。

記憶することも、考えることも、すべて言語処理能力と無関係ではあり得ないからです。

私たちが学習や仕事に使うコンピュータは、本来人間の頭脳を模倣してつくられています。

私たちはあらゆる仕事をいったん言語処理してかかるため、コンピュータにも当然OS（オペレーティング・システム＝言語を理解する基本ソフト）が必要になります。もちろん、コンピュータの場合は、コンピュータ言語で処理します。

コンピュータも初期の頃は、まだまだソフトは軽い（簡単な）ものでした。ところが、次第に重たい（複雑な）ソフトを動かさなければならなくなっていきます。そこで、絶えずOSを強化しなければならなくなります。ウィンドウズも95から98、2000、そしてXP、10とOSを強化し続ける宿命にあるのです。

自分のOSを再認識しよう

人間の言語能力の発達速度は、小学校四年生頃までは大きな個人差があります。

たまたま言葉の習得時期が早かった子どもは、あらゆる学習がスムーズにいきます。小学生の頃はまだソフトが軽いため、多少ともOSができあがっているだけで、どの科目も面白いようにわかるのです。

しかし、中学、高校へと進んでいくにしたがって、次第に学習ソフトが重たくなっていくため、詰め込み学習ばかりしていると、やがてソフトが動かなくなってしまいます。中学受験までは優等生だったが、やがて努力しても学力が伸びないという子どもは大半がこのタイプです。

こうした子どもは勉強の仕方を見直し、言語処理能力を鍛えなければなりません。すなわち、OSの強化が必要です。

幼いときに言語の習得時期が遅れた子どもは、何をするにも困難がつきまといます。

しかし、その子どもを「頭が悪い」と決めつけてはいけません。言葉は誰でも取得できるもので、要は早いか遅いかだけです。

こういった子どもに慌《あわ》てて勉強を強要しても、逆効果になります。まずはしっかりとOSを強化しなければなりません。これは自分の能力をより高めようとするビジネスパーソンも同様です。

言語処理能力と頭脳の関係

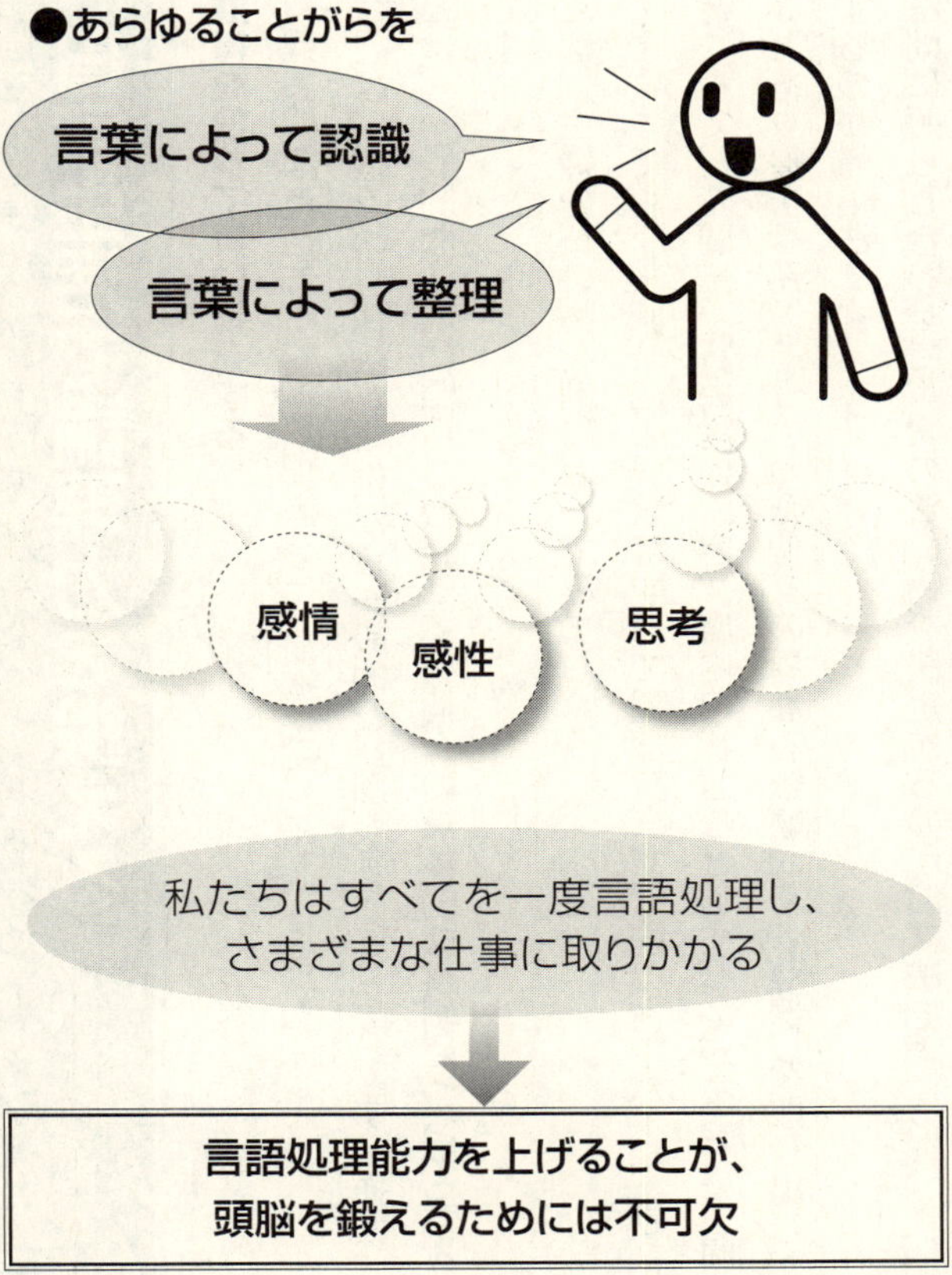
●あらゆることがらを
言葉によって認識
言葉によって整理
感情
感性
思考
私たちはすべてを一度言語処理し、
さまざまな仕事に取りかかる
言語処理能力を上げることが、
頭脳を鍛えるためには不可欠

7 日常生活で論理力を鍛える

帰納法と演繹法

帰納と演繹を使って買い物をする

論理の代表的な考え方に、「帰納《きのう》法」と「演繹《えんえき》法」とがあります。

帰納法とは、個々の具体的な事例から一般的な法則を求めることです。逆に、演繹法とは、一般的な法則に照らし合わせて、個々の具体的な事例について考えることです。

たとえば、主婦の買い物を例に取ってみましょう。

買い物といっても、一回一回の経験はすべて異なります。同じスーパーで買うにしたところで、時間帯、買い物の内容、店内の状態など、すべてがまったく同じ経験などあり得ません。そういった個々の異なる経験から、共通性を取り出し、法則化するのが帰納法です。

その法則に照らし合わせて、次の買い物を決定するのが演繹法です。

「あのスーパーは安いけれども商品の品質は落ちる」とか、「この時間帯はレジが込むから避けよう」とか、「この時期はこの果物がおいしい」とか、そうした法則からその日の買い物を決定するとき、主婦は無意識のうちに演繹法を使っているのです。

パチンコに論理的思考を学ぶ

私は予備校に通っている時期に、パチンコに熱中しました。そのとき、無意識のうちに帰納法と演繹法を駆使していました。

パチンコ台は一台一台すべて異なるだけでなく、釘《くぎ》の調整一つで変わってしまいます。また、いつどの台の釘を調整するかも、店によって違います。

そのため、私はいつも通う店を決め、さらにその店の中でも自分の領域を決めました。そうやって、自分の縄張りである三列ほどの台の玉の流れを徹底的に調べ上げました。

そうして、次第に、その店の法則らしきものをつかんでいったのです。これは、立派な帰納法です。次に、その法則に照らし合わせて、その日の台を決定しました。これは演繹法です。

もちろん、その時分の私が帰納と演繹について知っていたはずはありません。無意識のうちに、自分なりに頭を働かせた結果でしたが、じつは後にこの方法によって、私は現代文講師としての成功の端緒をつかんだのです。

自分なりの法則を完成させる

帰納法と演繹法はさまざまな場面で応用することができます。

私たちは仕事のうえでも毎日多くの経験を積みます。それらの経験を一回かぎりのものととらえるのではなく、それぞれの経験の共通点を取り出し、それらを法則化するのです。

私の場合は講義において、毎回、異なる入試問題を単に説明するのではなく、そのなかの共通点を探り出し、自分なりに法則化していきました。ここまでが帰納法です。

帰納法とは?　演繹法とは?

帰納法

個々の具体的な事例から
一般的な法則を求めること

演繹法

一般的な法則に照らし合わせて
個々の具体的な事例について
考えること

そして、ある程度自分のなかに法則が形を持ち始めたら、今度はその法則に照らし合わせて、次の行動を決定します。行き当たりばったり行動するのではなく、絶えず自分の行動を論理的にコントロールするのです。

私は自分の法則に照らし合わせて、毎回の入試問題を講義することにしました。すると、生徒たちの反応がそれまでとはがらりと変わり、彼らは一様に目を輝かせ始めたのです。

このとき大切なことは、たとえ次の行動が法則通りいかなくても、無理をしないことです。強引に法則に当てはめようとすれば、結局うまくいきません。

その際、なぜ法則通りにいかなかったのか、自分の法則のどこかにまだ不完全なところがあるのではないかと考えることが大切です。そうやって、自分なりの法則をいくつか徐々に完成させていけばいいのです。

人の人生はある意味で大きく二つに分かれるのかもしれません。身近な世界に浸って一生を送る人と、そこから脱して広い普遍的な世界を泳ぎ回る人と。その転換点になるのが、論理との出合いです。

仕事に帰納法と演繹法を活かす

毎日多くの経験を積む

⇩

それぞれの経験の
共通点を取り出し
法則化する
〈帰納法〉

▼

**自分のなかに法則が
形を持ち始める**

⇩

法則に照らして
次の行動を決定する
〈演繹法〉

**自分なりの法則をいくつか
徐々に完成させていく**

8 論理に習熟する方法
繰り返しによって身につける

意識するうちは論理的でない

肉体の運動は、習熟すると肉体そのものを意識しなくなります。

たとえば、私たちは歩くときに足の筋肉の使い方を意識しないし、ご飯を食べるとき箸《はし》の持ち方を意識しません。それは、私たちが自分の体を絶えず使っているからです。

言葉も同じで、習熟すると、言葉の使い方自体を意識しなくなります。

朝起きたときに、私たちは頭のなかで「朝だ」「今何時だろう?」「起きたくないなあ」など、無意識のうちに言葉を使います。

そのとき言葉は自然と浮かび上がってくるもので、私たちはその使い方を意識することはありません。

論理が言葉の使い方である限り、習熟しなければ意味がありません。そして、論理に習熟した人間は、論理などやがて意識しなくなります。

私はよく人から「先生はいつでもものを考えているのですか？」と聞かれることがあります。私は振り返ってみるのですが、意識してものを考えたという記憶はあまりありません。

おそらく論理を意識する人は、まだ論理的ではないのではないでしょうか。

私は講演などでは話したいことを話したいようにしゃべります。

別段論理を意識してしゃべることはないのですが、私の話がわかりやすいと感じるならば、その話に筋道が立っているからであり、そのような私は論理に習熟しているといえます。

文章を書くときも、事情は同じです。

私は書きたいことを書きたいように書きます。しかし、私の書いたものは筋道が通っていて、すべてが言葉の規則に従っています。そうでないと、私の書いたものが出版されることはなかったでしょう。

そして、そのような私は論理に習熟しているといえるのです。

イチロー選手のように練習する

私の参考書を使って効果が上がらなかった人は、「あの人の本はわかった気になるだけで、ちっとも力がつかない」と言います。

その通りです。私の参考書を一冊読めば、たしかに私が文章をどう読み、問題をどう解いたかはわかるかもしれません。

だからといって、次の瞬間から、私と同じ読み方、頭の使い方ができるはずがありません。

わかった気になるだけで、身についていないのです。

大リーガーのイチロー選手が書いたバッティング技術の本を読んだところで、すぐにイチロー選手と同じバッティングができるはずがないのと同じです。

一冊の参考書を読むことで現代文の新しい考え方を知り、新たに出発することはできます。しかし、それはあくまで出発であり、何度も繰り返し練習をすることによって初めて論理に習熟するようになるのです。

何度も繰り返し練習する

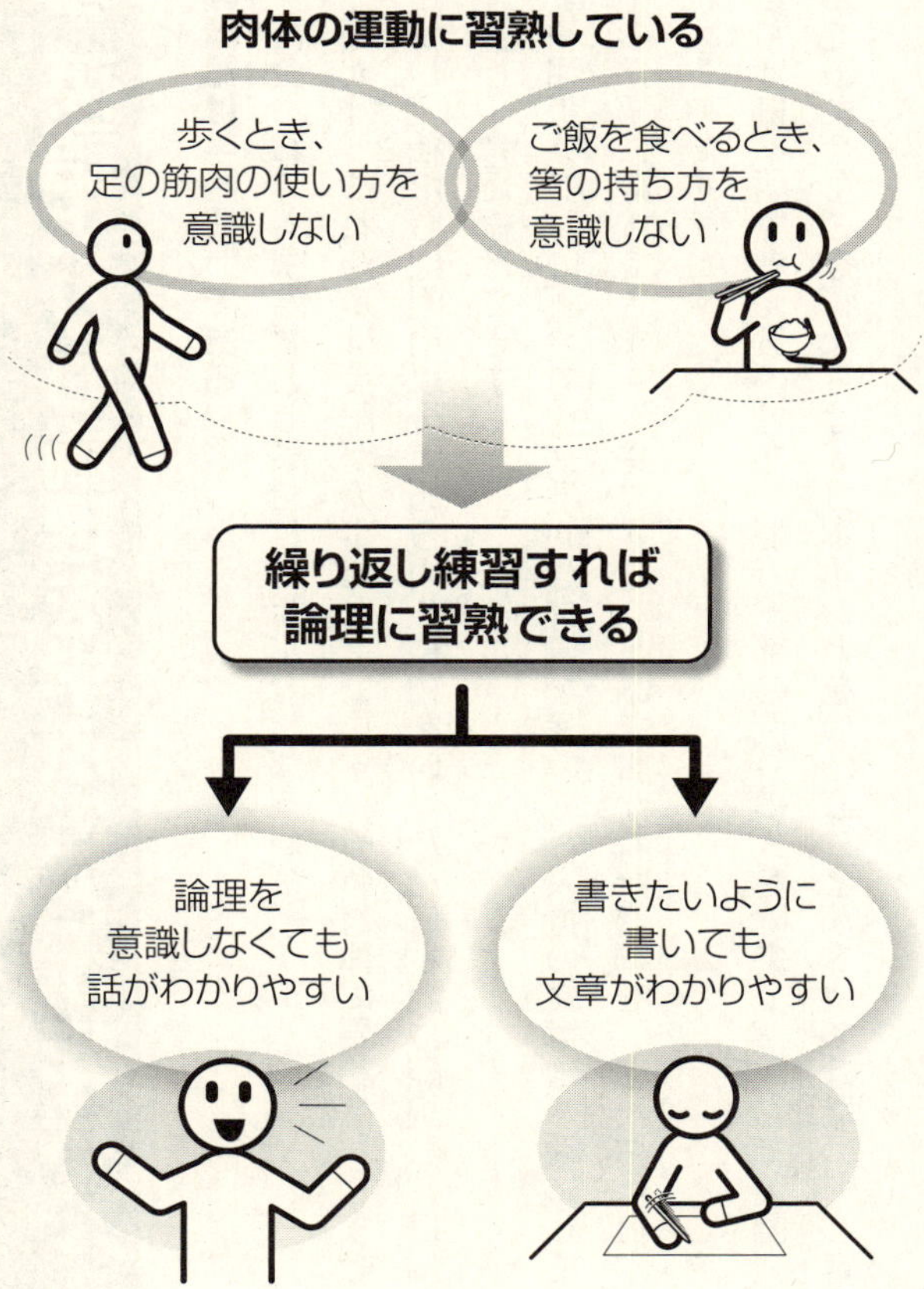

9 論理に国境はない
英語よりも論理を学ぶことが先決

真の国際語は「論理」である

国際社会における国際語とは果たしてなんでしょうか?

多くの人は、これからは英語が大事だと言います。それ自体に異論はありません。しかし、私たちは明治以後、あらゆる書物をいったん日本語に翻訳し、日本語で理解し、考え続けてきました。

いまや翻訳ソフトによって、文学的な文章を除いて、大抵の文章は一瞬にして世界中の言語に翻訳できます。さまざまな言語で書かれた書物を、私たちは日本語で読めるのです。

私たちは日本語で考えるのであって、一部の例外の人を除いて、決して英語では考えていません。それならば、日本語の力をつけることが先決ではないでしょうか。

私たちは日本語で書いた文章を世界中の言語に翻訳することができるし、またその逆も可能です。

ただし、その文章が論理的に書かれていなければ、文化も歴史も異なる人たちに理解されることはありません。

ビジネスの世界でも、事情は同じです。日本人なら以心伝心でわかり合えることも、文化が異なる国の人にはそれは通用しません。

自分の考えを明確に持ち、イエスかノーかをはっきりさせ、それを相手が納得できるように筋道を立てて説明しなければなりません。

すると、真の国際語は、論理ではないかという考えに至ります。

それなのに、私たちはどれだけ論理力を磨いてきたのでしょうか。

論理は考えを正確に伝える手段

論理とは、文化も価値観も異なる相手に対して、自分の考えを正確に伝える手段です。

先人たちの知の財産も、それが論理という手段で表現されているから、後の時代の人間にも理解されるのです。その結果、知の財産は脈々と人類に受け継がれてきました。

私たちは論理によって、先人たちが築き上げてきた知の財産をいつでも手にすることができます。

今、私たちは、自分で考え、発見したことを、インターネットを通じて、誰でも手軽に世界中に発信することができるようになりました。そのときに必要なのは、論理的な言葉づかいです。

論理という手段で表現すれば、あなたの新しい考えや発見は、冷凍状態で保存された食品のように、いつまでも古びることなく後の時代の人に受け継がれるし、いつでもそれを取り出して賞味することができます。

私たちは過去から未来へと脈々と受け継がれる知の連鎖《れんさ》の途上にあり、論理を身につけることによって、その無限の知の宝庫といつでもつながることができるのです。

論理を身につけることができれば

論理的な文章は
世界中の人が理解できる

論理的に考えたことは
誰にでも正確に伝わる

先人たちが築き上げた
知の財産を手にできる

自分の考えを
インターネットで
世界中に発信できる

自分の新しい考えや発見を
後の時代の人に伝えられる

コラム　私が現代文の講師になるまでの歩み

私は劣等生でした。

中学や高校では、教科書はすぐになくしてしまうし、授業中はぼうっと空想にふけってばかりで、先生の説明はすべて右の耳から左の耳へと素通りしてしまっていました。大学受験も失敗して、結局三浪し、とてもまともな人生は歩めないと思い込んでいたのです。

それでも希望を捨てなかったのは、将来小説家になるのだと甘い夢を追っていたからでした。しかし、私の書く小説は感覚的で、今から思えば独りよがりにすぎず、とても人に理解されるものではありませんでした。

それでも浪人期間中、取り憑《つ》かれたように小説ばかり書いていました。やがて、私のなかに一つの壮大な物語（のちの小説『水月《みづき》』）ができあがっていきました。

その頃、私は国立大の医学部を志望していました。

別に医者になりたかったわけではなく、漠然と一番難しいものに挑戦したかっただけでした。それゆえ、数学ばかりに取り組んでいて、国語に関しては勉強したことなどありませんでした。

人生とは不思議なものです。

人は決して一直線の道を進んでいくのではありません。道は曲がりくねってその先がどこに向かうのかわかりません。でも、全力で立ち向かったことに何一つ無駄なことはありません。

浪人時代の三年間、大学進学という観点から見れば、私は人よりも三年遅れたわけで、その三年の遅れはいつまでたっても取り戻しようがありません。しかし、私はその三年を懸命に生きたのです。人生について、考え、悩み、夢中で小説を書き続けました。

結果として、数学や医学とは無縁の文学部日本文学科に入学し、そして予備校の国語の講師になりました。

数学への取組みが論理力を鍛え、大学院で論文を研究したことが現代文の講義に役立っています。浪人時代に人生を見つめたことで受験生の気持ちがわかるようになりました。

今の私があるためには、あの一見無駄にみえる三年間が必要だったのだと私は実感します。それと同時に、人間はいくらでも変わることができるのだとしみじみと思い返しています。

第2章

「論理的な読み方」を身につけよう

1 論理的な読解法

見出し語を頭に置いて本文を読む

役に立たない読書から脱却しよう

論理に習熟するためには、まず文章の論理的な読み方を知らなければなりません。何となく文章を読んで、何となくわかった気になるといった読み方から脱却しましょう。

そうしなければ、真の読解力は身につかないし、ましてや論理的な頭脳をつくり上げることなど不可能です。

私たちは、「会話術」「思考法」「記憶法」「文章術」「コミュニケーション能力」などを修得しようと、ビジネス書や自己啓発本を手にしますが、ほとんどの読者は成果を得ることができないでいるはずです。

なぜなら、論理という不可欠な武器を手にすることなく、どんな本を読んでも、結局は気分を高揚《こうよう》させるだけか、実際に使えない表面的なテクニックを詰め込むだけになるからで、そんなものは何の役にも立ちません。

論理を修得することで初めて、私たちの「会話術」から「コミュニケーション能力」まで、すべてが同時に変わるのです。

そこでこの章では、論理に習熟するための「論理的な読解法」について説明していきます。

まず、見出し語に着目する

論理的な文章では、筆者の主張は基本的には一つです。それを趣旨といいます。

そして、趣旨を語句に縮めたものが題です。だから、大学受験の現代文の問題でも趣旨や題を問うものが圧倒的に多いのです。

まず、新聞を開いてみましょう。

記事には見出しが付いています。社説でも同じです。その見出し語が大抵の場合「題」となります。そこで、見出し語を頭に置いて、文章の内容を読み取る訓練をしてください。

見出し語は趣旨を語句に縮めたものですから、記事の内容は見出し語の内容に関して、具体的に書いてあるはずです。

新聞の次には、ビジネス書でも評論でもいいから、論理的な文章で書かれた本を開いてみましょう。

まず目次のページを開くと、「本のタイトル」「章のタイトル」「見出し」という構成になっているはずです。その「見出し」が重要です。

次に本文ページを開くと、まず「見出し」があり、その次から本文が始まっています。

もう、新聞でのトレーニングでおわかりだと思いますが、その見出し語を頭に置いて本文を読んでください。

見出し語を頭に置いて本文を読む……これが、文章を論理的に読むための訓練の第一歩です。

このことを実行するだけで、あなたの読み方は、「何となく文章を読む」から、「目標を決めて読む」へと変わるでしょう。

文章を論理的に読む訓練の第一歩

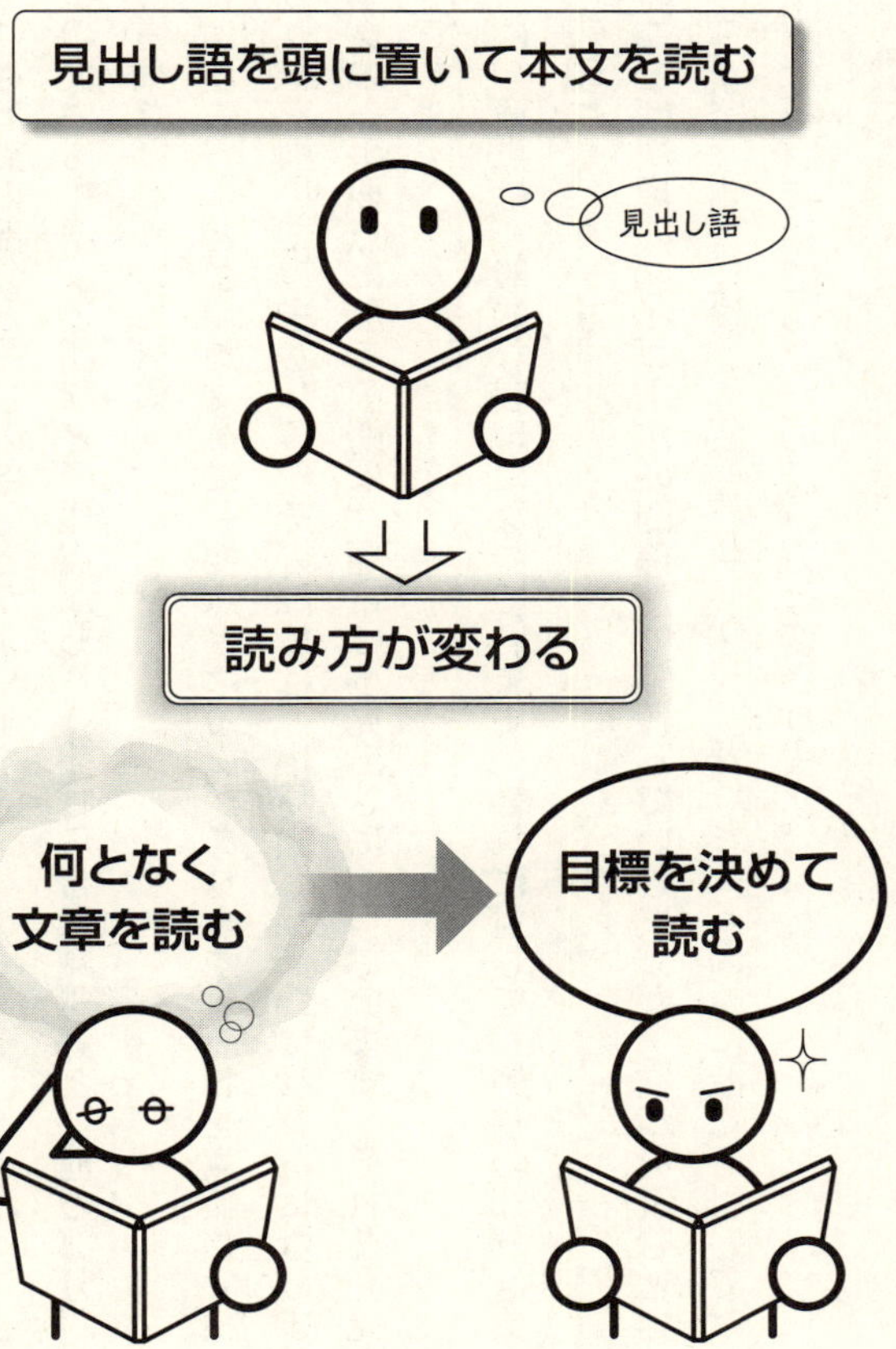

要点と飾りを見つける

文章には要点の部分と飾りの部分とがあります。一つの文にも主語、述語などの要点があり、それらを意識すると、他の部分が飾りの言葉だとわかってきます。

同じように、まとまった文章にも要点となる文があります。それを意識して読み取り、線を引いてみましょう。その際には、小見出しが大いにヒントになります。本文の一番要点になる箇所は、通常は小見出しになっています。それを発見するのです。

さらに、要点は一般的な表現になっています。それに対して、飾りの部分は具体的な表現になっています。

このことは次項の「イコールの関係」で練習していきますが、文章を読むときには、「一般」か「具体」かを意識しながら、要点となる箇所に波線を引いてみましょう。それだけであなたの読み方は変わります。

「一般」か「具体」かを意識する

1つの文＝主語・述語＋飾りの言葉

まとまった文章にも要点となる文がある

↓

要点を見つけよう

- 小見出しが大いにヒントになる
- 要点は一般的な表現になっている
- 飾りの部分は具体的な表現になっている

文章を読むときは一般か具体かを意識しながら、要点となる箇所に波線を引いてみよう

2 「具体例」は主張の証拠として使われる

「イコールの関係」をつかむ① 具体例

具体例は「イコールの関係」

文章を読むときには、筆者の立てた筋道を追っていかなくてはなりません。それを無視して、自分勝手に読み進めると誤読することになります。

その筋道の立て方は大きく三つあります。「イコールの関係」「対立関係」「因果関係」です。

「イコールの関係」から説明していきましょう。

たとえば、

A君、B君、C君＝男

という具合です。

「イコールの関係」には、大きく分けて二通りあります。

一つが、「まとめ・言い換え」で、「つまり」や「すなわち」などの言葉で表されます。

もう一つは「例示」で、「たとえば」などで表されます。

「まとめ・言い換え」と「例示」との区別は次のように行います。

「AつまりB」がまとめの場合は、Aに対してBはより一般的な表現となる。

「AつまりB」が言い換えの場合は、AとBはどちらも具体的な表現となる。

「AたとえばB」が例示の場合は、Aに対してBはより具体的な表現となる。

このように、論理的思考にとって大切なのは、「具体」と「抽象」（一般的表現）という関係なのです。「イコールの関係」は、絶えず「具体」と「一般」の間を行き来するということを頭に入れておきましょう。

主張につづくのは論証する文章

「イコールの関係」の代表的なものは「具体例」です。

次の文章を読んでください。

日本人の根底にあるのは、自然観である。私たちは昔から自然に抱かれようとする。自然は絶えず変化する。朝、昼、晩と時々刻々に変化し、春夏秋冬とその時々で異なった姿を見せる。私たちはその時々の中で一瞬の命の輝きを見て取ろうとするのだ。夏の夜空に花開く打ち上げ花火、まさに夏の風物詩だが、私たちがそれを見て切なく感じるのは、そこに自然の命を感じ取るからである。花火は空いっぱいに花開いた瞬間、さっと散っていく。まさにその一瞬は、「桜は散るからこそ美しけれ」といった日本古来の精神とつながっている。

まず筆者の主張が何かを読み取ります。

「日本人の根底にあるのは、自然観である」が、それです。

以下、筆者は自分の主張を不特定多数の読者にわかってもらおうと、筋道を立てます。そのため証拠となる例を引っ張ったのです。それが具体例です。日本人の自然観の例として「打ち上げ花火」をあげたのです。

最初に主張がきた場合の読み方

筆者はまず
主張を述べる

日本人の
根底にあるのは、
自然観である。

以下、筆者は
主張の証拠となる
具体例をつづける

打ち上げ花火
（日本人の自然観の例）

**最初に筆者の主張（一般）がきた場合は、
以下に必ずそれを論証する文章（具体）がつづく**

このように、最初に筆者の主張（一般）がきた場合は、以下、必ずそれを論証する文章がつづきます。その論証の過程で、文章は具体的な記述となります。

「具体例→主張」の論理パターン

具体例から入った文章は、その場で解釈せずに、どこで一般化されているかを考えて、一息に読むことがポイントです。

筆者はまず身近な例から入って、その後自分の主張を持ちだします。

「夏の夜空の打ち上げ花火を見るとき、私たちはどこか胸の奥で一種の切なさを感じることがある。」と、具体例をあげ、その後、「日本人はその根底に古来変わらぬ自然観がある。」と持ってくる論理パターンです。

このように、文章の要点をつかもうと意識すると、自然と「一般」「具体」という表現の仕方に着目するようになります。

これが論理的な読解の第一歩で、そうした頭の使い方をし続けているうちに、あなたのなかに論理力が自然と身についていくのです。

具体例から入った文章の読み方

具体例から入った文章は、その場で解釈しない

夏の夜空の打ち上げ花火を見るとき、私たちはどこか胸の奥で一種の切なさを感じることがある。

どこで一般化されているかを考えて一息に読む

筆者は身近な例から入ってその後主張を持ちだす

日本人はその根底に古来変わらぬ自然観がある。

「一般」「具体」という表現の仕方に着目して文章の要点をつかむ

3 「体験」は主張の強化に使われる

「イコールの関係」をつかむ② 体験

一見矛盾していることを提示する

河上徹太郎氏の文章に『風邪熱談義』という名品があります。その冒頭は、次のとおりです。

この正月、私としては珍しく風邪で高熱を出して数日寝込んだ。そんなことはまずここ数年間なかったことである。子供の頃虚弱だった私は、冬はよく床の中で過した。熱に浮かされてウツラウツラと眠りに誘いこまれ、フト眼を覚ますと障子に当たっていた陽の光がすっかりうすれて、街からは豆腐屋のラッパが聞え、台所では母がコトコトと何か俎の上で刻んでいる。子供は聞きながら、ああ、今日も終わったと、甘い夢心地である。それは彼なみの無為への悔恨なのだが、しかしこれも子供なみに、懶惰《らんだ》な誘惑に身を任せたという、官能的な陶酔でもあるのだ。

筆者は冒頭、自分の体験から語り始めます。正月早々風邪を引いて、高熱を出してしまったのです。読者はおそらく「なんて気の毒なんでしょう。正月早々ついてないんだな」と思うに違いありません。

ところが、これに続く文章で、河上氏は熱で寝込むことを「懶惰な誘惑に身を任せたという、官能的な陶酔」と規定します。

冒頭の後にも、読者の気持ちを逆手《さかて》にとって、病気で寝ているのだから、公然と会社を休むことができる、しかも熱が心地よい酔いを与えてくれる、これほどの自由と解放感はないと繰り返し述べます。「風邪熱で寝込んだ状態」を、これでもかというくらいに褒めちぎっていくのです。

このように、一見矛盾していることを提示しながら、よく考えてみると、それがある種の真実を表していると思わせる説明の仕方、それを「パラドックス」（逆説）といいます。

「急がば回れ」がその例です。

私たちは「急いでいるときは慎重にしなさい」と言われたところで、とくに気にとめることもなく、その言葉は私たちの意識を素通りしてしまいます。ところが、「急いでいるときは回り道をしなさい」と、真実と反対のことを言われれば、「えっ」と一瞬意識を止める。

その一瞬の作用が大切で、そのときにじっくりと「急いでいるときはかえって慎重にしたほうが早い」と言われれば、素直に納得することになります。

河上氏のこのときの手法も、こうしたパラドックスに近いものです。

論理を駆使して主張を説明する

私たちは氏の体験を読みながら、どこで一般化するのだろうと意識しなければなりません。作者は、風邪熱を賞賛することで、いったい何が言いたいのでしょうか？

パラドックス（逆説）の文章

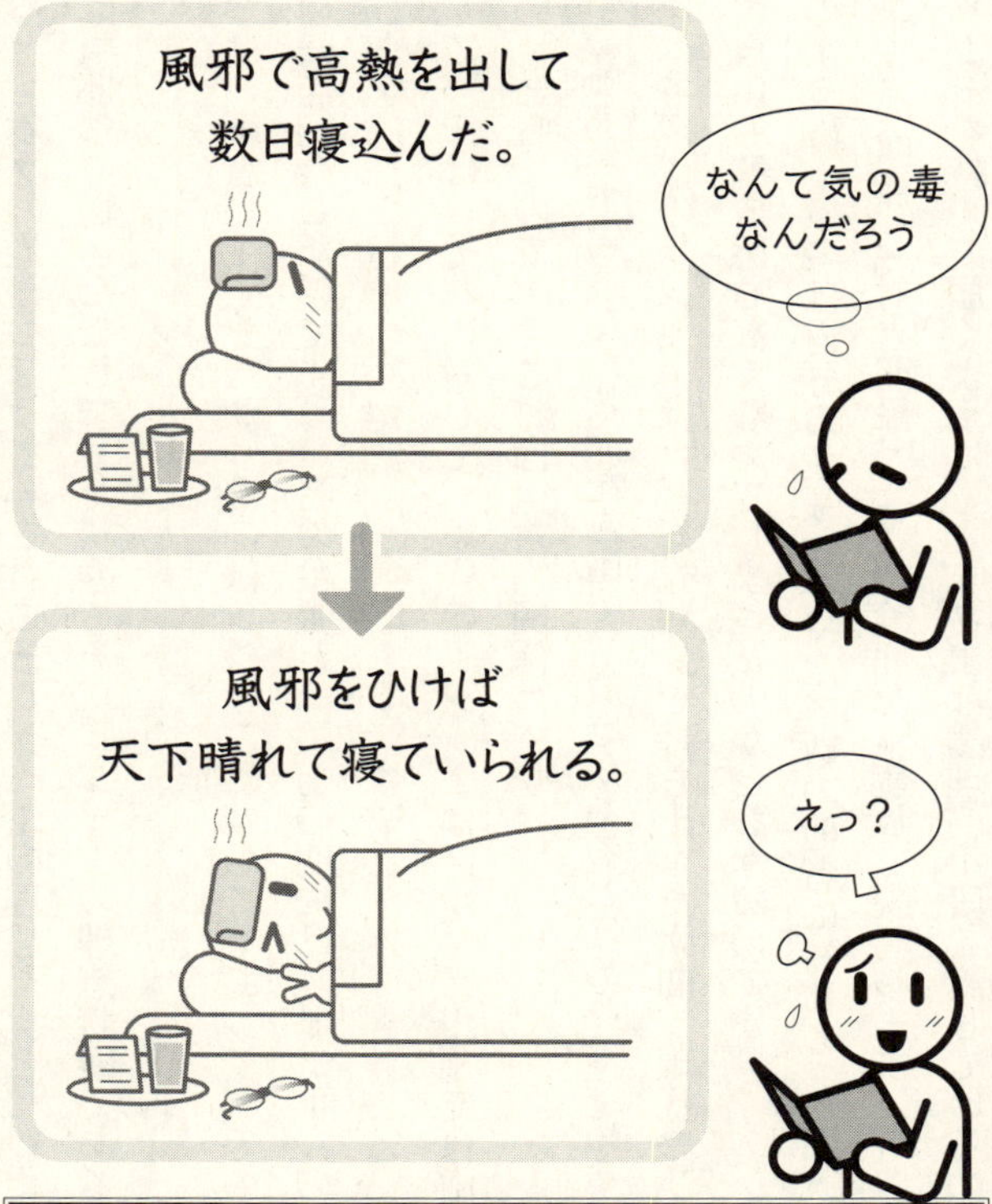

一見矛盾していることを提示しながら、よく考えてみると、ある種の真実を表していると思わせる

すると、本文の最後のほうで「これこそレジャーの理想だ」と一般化します。氏は風邪熱で寝込んでしまった状態こそ、レジャーの理想状態であると主張するのです。

じつは、筆者が主張したかったのはレジャーに関してであって、そのために自分の体験を紹介したのです。筆者の主張と体験との間には「イコールの関係」が成立します。

そして、氏は「それに対して、現代のレジャーはノルマノルマで自由も解放感もない」と嘆《なげ》くのです。これは「対立関係」です。

氏が、風邪熱で寝込んだ状態を自由で解放感があるとほめればほめるほど、「それに比べて現代のレジャーは」と対立関係を持ち出した瞬間、現代のレジャーがいかに自由も解放感もなくなってしまったのかとわかるのです。

このように、筆者は自分の主張を不特定多数の他者に対して、「逆説」「体験」「イコールの関係」「対立関係」などの論理を駆使《くし》して説明します。読者の脳裏にインパクトを持って届くように、さまざまな論理的手段を講じているのです。

さまざまな論理でインパクトを与える

◎パラドックス（逆説）

風邪で高熱を出して数日寝込んだ。

しかし

風邪をひけば天下晴れて寝ていられる。

◎イコールの関係

高熱を出して寝込んだ ＝ これこそレジャーの理想だ

（体験）　（主張）

◎対立関係

高熱を出して寝込んだ ＝ これこそレジャーの理想だ

↕

現代のレジャーはノルマノルマで自由も解放感もない

4 他人の文章を「引用」して主張を裏づける

「イコールの関係」をつかむ③ 引用

偉人を味方につける

文章のなかに、他人の文章が挿入されていることがあります。これが「引用」です。先に述べた「具体例」「体験」と同じ「イコールの関係」で、主張を他者に向かって説明するための方法です。

筆者は自分の主張を裏づけるため、自分と同じことを述べた文章を引用します。たとえば、夏目漱石の文章を引用した場合は、漱石自身を味方につけたのだから心強いものです。

もちろん、ときには自分と反対の意見を引用する場合もあります。これは、その意見を否定するためです。

このように、筆者は自分の主張を伝えるために、引用によって「イコールの関係」という論理を駆使します。

次の文章を読んでください。

芸術の本質は形象化にある。心の奥底の言葉では説明できない深い感情を表したいという強い衝動を感じたとき、芸術家は絵や音や肉体という形象を使って表現する。

古池や 蛙飛び込む 水の音

芭蕉の句であるが、この句が詩であるためには、「古池や」の「や」が重要な役割を持つ。「や」は切れ字で、ここで論理が切断された結果、古池の蛙と「蛙飛び込む」の蛙は別個のものと解釈しなければならない。芭蕉は旅に疲れ果て、おそらく誰もいない静まりかえった荒れ地に身を横たえたのだろう。その時、微かに蛙が古池に飛び込む音を聞いたのだ。その時、芭蕉の胸中には何かが起こった。その瞬間、芭蕉は自分の胸の奥深くに一匹の蛙が住み着いていることに気づいた。この蛙が形象であって、その時芭蕉の胸に次第に広がる「水の音」は、芭蕉自身の心の波紋である。

このように、芭蕉は自分の胸中の言葉では説明できない深い何かを、「蛙」「水の音」という形象を使って表現したのであって、ここに芸術の本質がある。

この文章における筆者の主張は、「芸術の本質は形象化にある」ですが、その裏づけとして松尾芭蕉の句を引用したのです。もちろん、筆者の主張と芭蕉の句（引用）との間には、「イコールの関係」があります。

文章を読むときも、引用は筆者の主張の繰り返しだと意識しましょう。

引用は論理の最大の武器

引用を巧みに用いれば、これほど強い武器はありません。今回の場合は、何とあの芭蕉を味方につけたのです。

文章を書くとき、私たちは引用をうまく利用することによって、古今東西の偉人たちをいつでも自分の味方につけることができます。ただし、そのときにも論理という約束事を守らなければなりませんが。

「引用」は著者の主張の繰り返し

夏目漱石の文章を引用

↓

漱石自身を味方につける

松尾芭蕉の句を引用

↓

芭蕉自身を味方につける

引用によって古今東西の偉人たちを
いつでも自分の味方につけることができる

5 「イコールの関係」をつかむ④ 比喩

「比喩」は言葉にならない思いを表している

共通点は何かを意識する

筆者の伝えたいことが抽象的でわかりにくいとき、「理屈はわかるけど、何かぴんとこない」と思うことがあります。

そうした場合、何か身近なものに置き換えてみると、わかった気になることがあります。これが「比喩《ひゆ》」で、たとえるものとたとえられるものとの間には、「イコールの関係」が成り立ちます。じつは、比喩も論理の一つなのです。

比喩にはたった一つ約束事があります。たとえるものとたとえられるものとの間に共通点がなければならないというものです。そうでなければ、比喩は成立しません。

「少女の頬はリンゴのようだ」といった場合、私たちは少女の頬《ほお》とリンゴとの間の共通点を頭に浮かべ、真っ赤なほっぺたを想起します。ところが、「少女の頬は鉛筆のようだ」という場合は、共通点を見いだすことができず、途方に暮れることになります。

文章を読むときは、比喩は何を何にたとえたのか、共通点は何かを意識すればいいのです。

「～ような」「～みたいな」という言葉によって明示された比喩を「直喩《ちょくゆ》」といいます。直接の比喩です。

ところが、比喩はやがて比喩という姿を隠して、いかにも普通の表現のような顔をし始めるから注意が必要です。

「少女の頬はリンゴのようだ」が、「少女のリンゴの頬」となります。これを「隠喩《いんゆ》」（メタファー）といいます。

隠喩の場合は、いったん直喩に戻して考えるのが鉄則です。

かつて、松田聖子のヒット曲に「瞳はダイアモンド」というタイトルがありました。もうおわかりの通り、これは隠喩ですが、これを直喩に直す場合には、瞳とダイアモンドの共通点を考えればいいのです。もちろん、ともに「きらきら輝いている」わけで、「瞳はダイアモンドのようにきらきらと輝いている」となります。

この隠喩は言語訓練に最高です。

似たものに置き換える

ある詩人が失恋したとします。そのときの気持ちを「悲しい」という言葉で表現して満足するなら、その人はもはや詩人ではあり得ません。

同じ人間は一人としていないように、同じ恋など一つもありません。この世に一つしかない恋、そして自分だけのかけがえのない思いを、「悲しい」という最大公約数的な言葉で表現できないとわかったとき、詩人は手あかにまみれた言葉を捨て、自分だけの表現を模索《もさく》するのです。

そのとき、言葉は比喩的にならざるを得ません。自分の気持ちを似たものに置き換えることになります。言葉で直接表現できない思いも、比喩を使えば自在に表すことができるのです。

直喩と隠喩

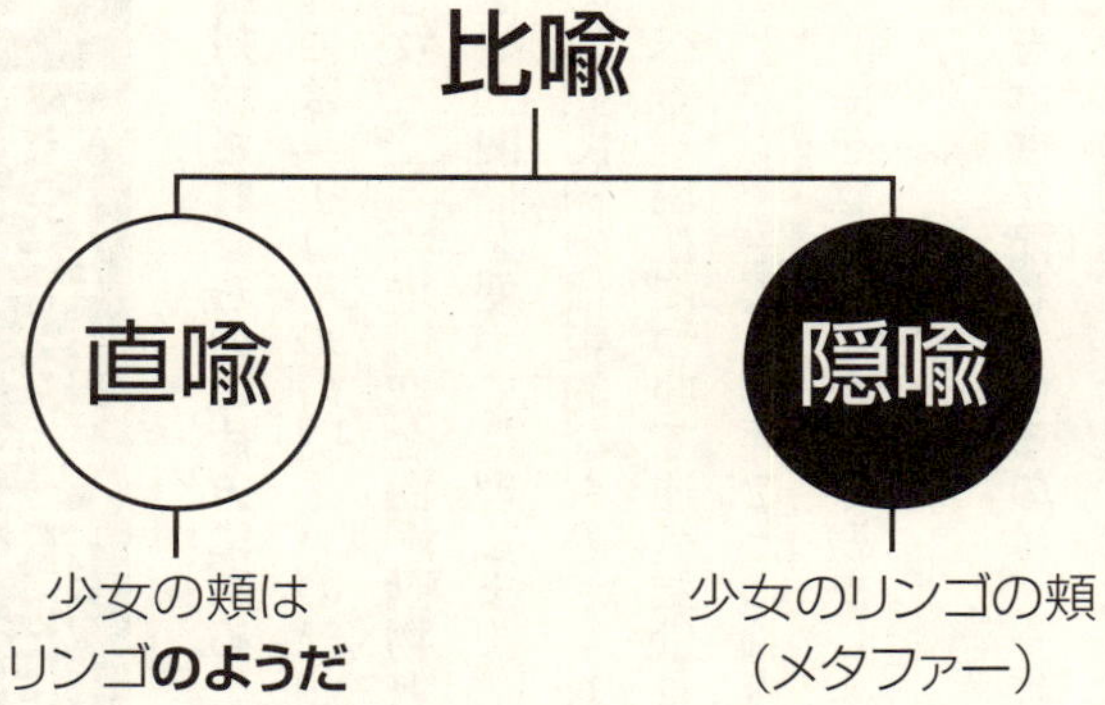
比喩
直喩
隠喩
少女の頬は
リンゴ**のようだ**
少女のリンゴの頬
（メタファー）

Metaphor

**たとえるものとたとえられるものの間には
イコールの関係が成り立つ**

6 「対比」は論点を明確にするために使われる

「対立関係」をつかむ① 対比

主張は対比されるものの片方にある

論理には「イコールの関係」のほかに「対立関係」もあります。男と女、空と大地、空と海、動物と植物、知と情、肉体と精神など、私たちは世界を対立関係を使って整理します。

その対立関係の代表的なものが「対比」です。日本について述べたければ、西洋と比べる。現在について述べたければ、過去と比べる。対立するものと比べることによって、主張したいことの論点を浮き彫りにすることができます。

対立関係を意識して読んでみましょう。

現代を危機に陥れているのは、一神教の論理である。パレスチナ問題、アフガンやイラクの問題、これらはユダヤ教徒やキリスト教徒やイスラム教徒の対立で、それらはすべて一神教である。一神教は神か悪魔か、正義か悪か、イエスかノーかで、いずれも自分たちが正義で相手が悪だから、衝突は避けようがなくなる。それに対して、日本の八百万《やおよろず》の神々は多神教である。一神教の尺度から見ると、八百万の神々は原始的に思えるかもしれないが、実は一つの神が様々な形を持って現れているだけなのだ。この宇宙を創造した神ならば、当然その姿は人間の目には見えず、その声は人間の耳には聞こえない。だから、様々な姿を伴って、人間の前に現れるのである。だが、その本体は一つといえる。つまり、一神＝多神なのである。

ここでは西洋＝一神教、日本＝多神教というかたちで、西洋と日本が対比されています。筆者は日本の多神教について述べたいから、西洋の一神教と比べて見せたのです。

このように、対比は対立する両方が筆者の主張ではありません。ここでは、日本について述べたいから西洋と、現代について述べたいから過去と比べたのです。

対立するものを頭に置いて読む

文章を読むときの基本は、まず「イコールの関係」に留意《りゅうい》することと先に述べました。それゆえ、具体か一般かを意識します。そのことで、文章の要点を素早く読み取ることができます。

さらに、対立関係を意識することで、文章の論理構造を明快につかむことができるのです。

そうすれば、それを図式化し、要約することも可能です。こうした作業が論理力を鍛えるために大切だということは、いまさら繰り返すこともないでしょう。

右と左、上と下、黒と白、このように私たちは絶えず外界を対立関係で認識します。だから、文章のなかにも対立関係が自然と入り込みます。それを意識することは、文章を読むときの自然な行為です。

大切なことは漠然と読むのではなく、こうした論理を意識して読んでみることです。

対立関係を意識して読む

男と女　空と大地　空と海

動物と植物　知と情

肉体と精神　日本と西洋

現在と過去　一神教と多神教

右と左　上と下　黒と白

対立関係を意識することで
文章の論理構造を明快につかむことができる

7 「対立関係」をつかむ② 譲歩・弁証法

「譲歩」「弁証法」を意識すれば明快に読める

反対意見にとりあえず譲歩する

対立関係で「対比」以外にしばしば現れるものとして、「譲歩《じょうほ》」や「弁証法《べんしょうほう》」があります。それぞれについて説明しましょう。

自分の意見の正しさを読者に印象づけたい場合には、反対意見を持ちだしてそれを否定すればいいでしょう。

しかし、それを正面切ってやれば、相手に礼を失することになります。そういった無礼な文章や議論はマスコミなどでしばしば見られますが、真の知識人はそのようなことはしません。反対意見を持ちだすのがそれを否定するためなら、それだけに相手に対する配慮が必要です。

だから、筆者は一歩ゆずって反対意見をとりあえずは認めます。

「なるほど、それはもっともである」「たしかに一理ある」といった具合に譲歩するのです。

そして、その後、「しかし～」とゆっくりと否定します。この「譲歩」を理解していないと、しばしば文章を読むときに混乱を来《きた》します。筆者が否定するために持ちだした意見に、筆者が賛同しているのだと取り違えてしまうのです。

文章を読むとき、筆者の主張をしっかりとつかむためには、反対意見を持ち出されたとき、たとえいったんはそれを肯定しているように見えても、必ずその後にひっくり返されるのだと意識しなければなりません。

長所を活かし、短所を補う弁証法

「弁証法」というと何か特別に難しいものと思われがちですが、この論理自体は至って単純なものです。

ここに対立命題があるとします。それぞれ一長一短です。

その対立するどちらかを選び取ることを「二者択一」といい、そのどちらをも選べず、両者の間に引き裂かれることを、「相反性」(アンビバレンツ)といいます。二つを足せば「平均化」、あるいは「折衷《せっちゅう》」で、プラスマイナスゼロです。それで満足できないとき、それぞれの長所を活かし、短所を補う方法はないかと考えるときは、対立命題をより高い地点で統一すればよいのです。そういった発想を弁証法、あるいは「止揚《しよう》」とか「アウフヘーベン」といいます。

男と女は永遠に理解し得ない、いわば対立命題だといえるのかもしれません。こうした男女が人生をともにするならば、お互いの長所を活かし、短所を補い合うような関係が望ましいでしょう。こういった発想も一種の弁証法なのです。弁証法が使えないときには、お互いが相手を責め合い、結局家庭は崩壊してしまいます。

論理的な文章を読むとき、このような論理を絶えず頭に置いて読めば、難しいと思えていた文章が実に明快に見えてきます。

「譲歩」と「弁証法」

著者は反対意見に「譲歩」する

「なるほど、それはもっともである」
「たしかに一理ある」

↓

「しかし～」とゆっくりと否定する

「弁証法」で長所を活かし短所を補う

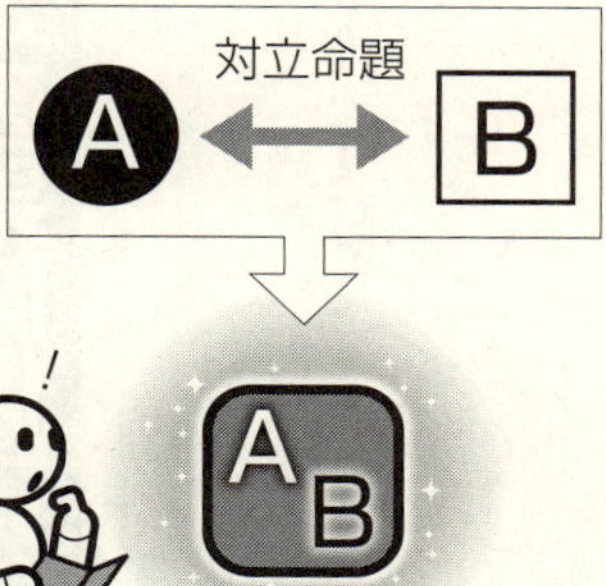

AとB、それぞれの
長所を活かし、
短所を補う

↓

AとBを、
より高い地点で
統一する

論理を頭に置いて読めば
難しいと思えていた文章が明快に見えてくる

8 「因果関係」をつかむ
要点を取りだして「因果関係」をつかむ

全文読まなくても結論はわかる

論理の基本の最後が「因果関係」です。

筆者が主張を述べる際のパターンは、次の二つです。

A、Bをそれぞれ筆者の主張だとすると、

①A

②A↓B

のどちらかになります。

①は、筆者の主張Aを論証した文章です。

②は、Aを述べた後、それを前提に最終結論Bを述べたもの。そのとき、AとBは因果関係で結ばれています。

AだからBという論理パターンで、このときAはBの理由となります。

このように、文章の要点を取りだして、要点と要点との関係を考えると、因果関係で成り立っていることがわかります。

とくに、英語の文章では必ず主張に理由をつけ加えます。そのうえで、文の要点と要点を因果関係でつないでいます。

もちろん、日本語の文章でも同じことがいえます。英語でも日本語でも、冒頭にAがくれば、本文の末尾を検討します。

それがAなら、その文章はAという主張を繰り返すだけの文章、Bがくれば、A→Bの論理パターンだと予測がつきます。だから、筆者の主張が文の途中で現れたら、A→Bを疑ったほうがいいのです。

前出の文章（86ページ）を思い出してください。

「西洋の論理は一神教に基づく。それに対して、日本の論理は多神教である」とし、次に一神教と多神教が対比されています。

もし、これにつづいて、「現在、世界を危機に陥れているのは一神教の論理である。正義か悪か、一神教ではそのどちらかしかないから、衝突は必然である」

という文章があれば、その次に「だから、日本の多神教の論理のなかにこそ、現代の危機を回避する鍵がある。」と結論を導いてくるのは、読まなくても予想がつきます。

論理は一本道で、「今がこうなら、その次はこう」しかなく、それに慣れれば、やがて文章の最後まで見通せるようになります。因果関係をつかみだすと、文章を読むのが面白くなります。

「なぜだろう」を頭に置いて読む

論理的な文章を読むとき、絶えず理由を頭に置いて読むようにすれば、論理力を鍛えることができます。

現代文の記述・論述問題を解くときも、いつでも筋道を立て直して答えることができるようになります。ビジネス文書を読むときは、なおさらです。

文章と文章が無関係に並べてあることなど、あり得ません。必ずそこには「イコールの関係」「対立関係」「因果関係」が隠されているのです。

「AだからB」という論理パターン

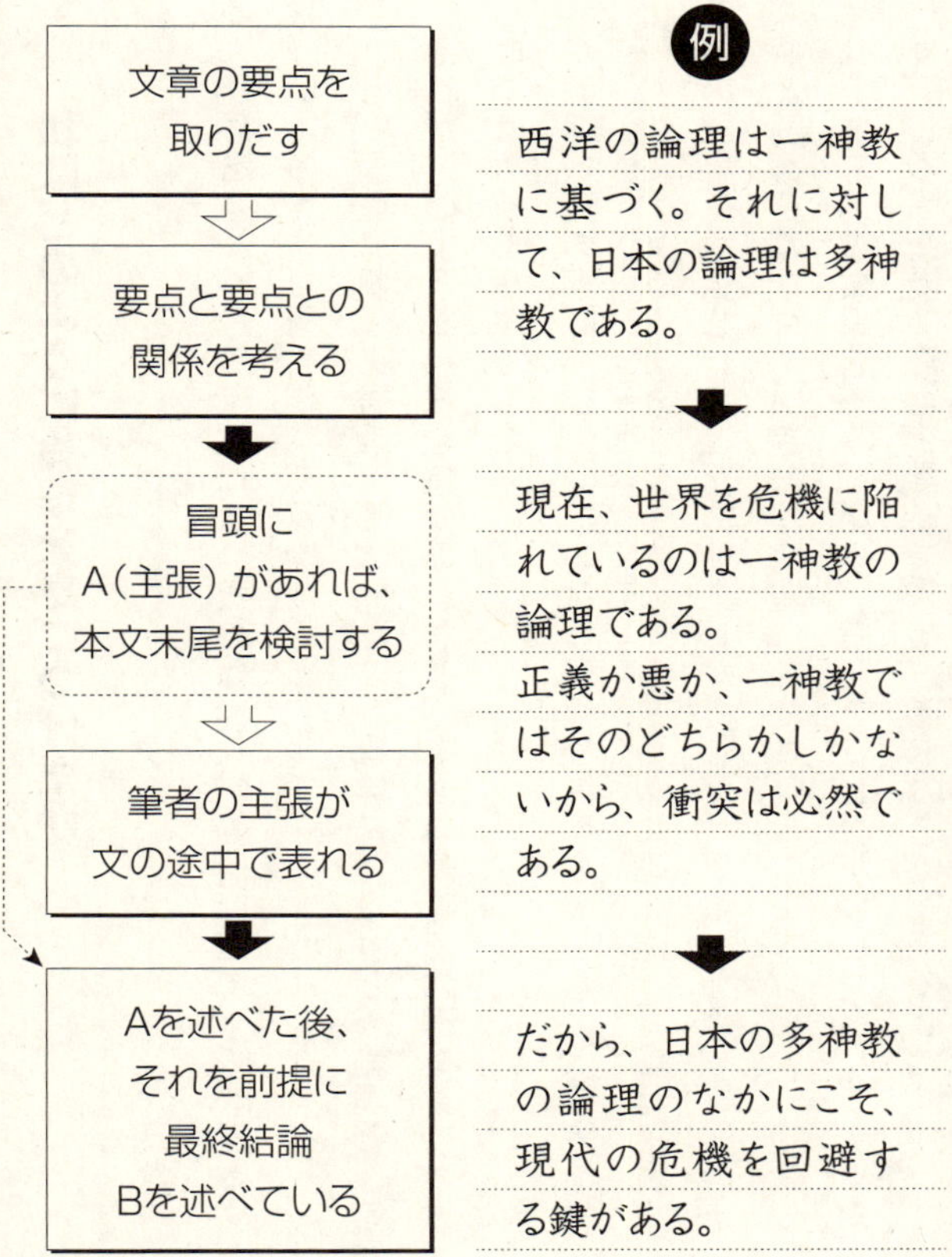

文章の要点を取りだす
要点と要点との関係を考える
冒頭にA(主張)があれば、本文末尾を検討する
筆者の主張が文の途中で表れる
Aを述べた後、それを前提に最終結論Bを述べている
例
西洋の論理は一神教に基づく。それに対して、日本の論理は多神教である。
現在、世界を危機に陥れているのは一神教の論理である。
正義か悪か、一神教ではそのどちらかしかないから、衝突は必然である。
だから、日本の多神教の論理のなかにこそ、現代の危機を回避する鍵がある。

コラム 私はどのように論理を身につけたか

私が論理を身につける下地になったのは、大学の研究室で、近代日本文学についての論文を書く作業を行ったことです。

しかし、所詮は机上の論理、形式的なことは学んだけれど、論理とは何か、それがどのような意味を持つのかなど、本当の意味で論理を身につけたわけではありませんでした。

私が論理と真の意味で出合ったのは、予備校の現場でした。大学院の先輩から紹介されたアルバイトでしたが、高校時代に理系だった私はそれまで受験の国語を勉強したことがありませんでした。研修もなく、一冊のテキストと解答を渡され、いきなり教壇に立たされたのです。

私はテキストの文章を読みながら、脂汗を流しながらしゃべりまくりました。そして、最後に答えを言いました。後味の悪い授業でした。

予備校は実力主義の過当競争の現場です。人気のない講師は次々と辞めさせられていきます。しかし、私は競争に勝ち抜くことよりも、むしろ目の前の生徒に価値のある情報を提供できない自分にいらだちを感じました。

そこで考えました。現代文とは受験生のどんな能力を見ようとしているのか、どうやって文章を読み、問題を解けばいいのか。

当時、現代文はセンス・感覚の教科で、決まった解き方はないものとされていました。習うより慣れろで、本を読み、教養を身につけ、問題を数多く解くことで、多少は成績が上がるかもしれないという、非常に漠然とした考えが受験生だけでなく、教える側にも支配的でした。だから、現代文の講義は受講生が少なく、参考書類は売れなかったのです。

幸い、国語の勉強をしたことのなかった私は、そういった先入観や固定観念を持ちませんでした。そこで、徹底的に考えたのです。

目の前の文章や設問を完璧に理解させたところで、どんな意味があるのだろう。入試問題はそれとはまったく別の文章、別の問題を解かなければならない。では、どうすればいいのか？

そのときは無自覚でしたが、今思えば、知らず知らずのうちに私は頭を帰納的に使っていたのです。

第3章

「論理的な話し方」を身につけよう

1 友好関係を築くために
話題をはっきり示し、言葉の意味を明確にする

親しいからこそ他者意識を持つ

ここからは、ビジネスの現場にも応用できる論理的な話し方について説明していきます。文章を論理的に読むことによって手に入れた武器を駆使しましょう。

話し方は、相手と自分との関係によって大きく分かれます。二人きりで話すのか、大勢を前に話すのか、それによって話し方は異なってきます。

また、二人きりの場合でも、相手が親しい人なのかそうでないのか、相手と関係を深めたいのか、論破《ろんぱ》したいのかによって違います。

言葉は他者意識が希薄になるほど、省略に向かっていく傾向があります。狭い友だち関係でしか通じないギャル語がその典型です。

しかし、その省略ゆえに誤解が生じたり、自分の意見や気持ちが伝わらず、ときにはけんかになったりすることがあります。じつは、親しいからこそある程度

の他者意識が必要なのです。

たとえば、こんな経験はないでしょうか？

相手が自分に向かって何か熱心に話しています。ところが、こちらはいったい何について話しているのかわかりません。

そこで、慌てて何の話なのかと思いめぐらしているうちに、最後にようやく「あその話か」とわかります。しかしわかったときは、相手が熱心に話していた内容はすでに脳裏から消えてしまっています。

親子でも恋人同士でも、他者であることに変わりはありません。だから、話すときは「〜について話すね」と、話題をはっきり相手に示すことが大切です。

言葉の行き違いを確かめる

言葉は人それぞれ、あるいは状況によって微妙に揺れ動きます。

「綺麗」という言葉一つとってみても、人それぞれその言葉が示している内容は異なっています。

「桜が綺麗ねえ」

「そうねえ、本当に綺麗ね」

一見この会話は成り立っているように思えますが、じつはそうではありません。ひとりは自分の庭の桜の木を見てそう言ったのであり、それに対して、もうひとりは別の木を頭に思い浮かべて同意したのです。

自分が使っている言葉のイメージと、相手のイメージがまったく異なっていることもあります。だから、悪気はなかったのに、相手がその言葉で傷つき、気まずい思いをしたりします。

「あなた、たしかにこう言ったわ」

「そんなつもりで言ったのではなかったの」

こういった言葉の行き違いは、日常茶飯事です。だから、大切なことを語るときは、自己中心的な言葉は慎重に使わなければなりません。

同時に、相手がその言葉をどのような意味で、どのようなニュアンスで使っているのか、慎重に確かめなければなりません。

自己中心的な言葉は慎重に使う

**大切なことを語るときは、
自己中心的な言葉は慎重に使う**

2 まずは相手の話をじっくり聞く
聞き上手になるために

聞き上手は好意を持たれる

話し方上手は、聞き方上手でもあります。

自分の話を熱心に聞いてくれたら、人間それだけでうれしくなるものです。しかも、時折頷《うなず》いてくれたり、わからないことを質問されたりすれば、そうした相手をあなたはとても頼もしく感じることでしょう。

ならば、あなたもまずは相手の話をじっくり聞くこと。

その際、ただ何となく聞くのではなく、相手の話の筋道を理解しようとすること。文章を読むときと同じように「イコールの関係」「対立関係」「因果関係」を意識します。

そして、時折「あなたの言いたいのは、つまりこういうことですね」とまとめてみます。「イコールの関係」です。

相手の話に論理の飛躍があった場合には、「ここはこういうことですか？」という具合に、その飛躍部分をさりげなく補ってやります。

人は自分の考えを聞いてもらったり、誰かに同意してもらったりしたがるものです。それをきちんと理解しようとする聞き上手は、それだけで好意を持たれること請け合いです。

そして、次はあなたが話す番です。

あなたは十分に相手の話を聞いて理解しているから、それに対して適切な意見を持ちだすことが可能です。

話をするときにも、「イコールの関係」「対立関係」「因果関係」を使い、そして理由づけを行います。つまり、相手を無視して勝手に話をするのではなく、あくまで「あなたの意見はこうで、それに対して私の意見は」と筋道を立てて話すのです。

そうすれば、相手はあなたを明晰《めいせき》な話し方をする人間として一目置くことでしょう。

反対意見を述べるときは

自分の意見が相手の意見と反対の場合は、どうすればいいのでしょうか？

まず、相手を論破したいのか、信頼関係を築きたいのか、で異なります。論破したいなら、相手の矛盾点を徹底的につけばいいでしょう。すでに相手の筋道を理解しているなら、それは決して難しくないはずです。

では逆に、相手と良好な関係を築きたいときはどうでしょうか？

そんな場合でも、やはり自分の意見ははっきり言うべきです。そのほうが相手もあなたに好印象を抱《いだ》きます。ただ、その際、相手の立場を配慮することが大切です。では、どうすればいいでしょうか？

譲歩を使うのです。「あなたの意見にはたしかに一理ありますね」といったん認め、そのうえで、「しかし」と自分の意見をやんわりと持ちだします。

あるいは、弁証法という手もあります。相手の意見を認めたうえで、お互いの意見をより高い地点で統一させるのです。

論理的な話の聞き方

●相手の話の筋道を理解しようとする

●時折、話をまとめる

「あなたの言いたいのは、つまりこういうことですね」
(イコールの関係)

●話に論理の飛躍があった場合

「ここはこういうことですか?」と
飛躍部分をさりげなく補う

●相手の話に対して適切な意見を持ちだす

「あなたの意見はこうで、それに対して私の意見は……」

●反対意見を述べるときには

・「あなたの意見にはたしかに一理ありますね。
しかし……」と譲歩を使う
・相手の意見を認めたうえで、お互いの意見を
より高い地点で統一させる(弁証法)

3 話をきちんと伝える

要点を明確にして、そこからぶれないこと

一つの会話に、主張は一つ

要点を抜き取るのは、文章を読み取るときに限ってではありません。まず自分の話し方を振り返ってください。

前振りの長い人、やたら敬語を使って馬鹿丁寧な話し方をする人……そういう人は、自分ではよいつもりで話しているのですが、相手はきっといらいらして聞いているに違いありません。

そういった話し方は、かえってあなたを「できない人」に見せるだけです。

自分の話の要点を明確にすること。そこから決してぶれないこと。それが論理的な話し方のコツです。

文章を読むときには、筆者の主張をしっかりとつかむことが大切ですが、話し方もこれと同じで、自分の要点を明確にします。

もし、もう一つ言いたいことがあるならば、いったん話を区切って話題を変えればいいのです。

自分の主張が明確であるなら、その裏づけとなる具体例や体験を挙げるか、対比させるか、因果関係や理由を示すか、少なくともあなたのたった一つの主張と論理的な関係のある事柄を話すのです。

主張は絶対にぶれてはいけないし、ましてや羅列型は禁物です。相手はあなたが何を言いたいのかわからなくなります。

相手の立場を考えながら話す

文章は文字として記録されているために、後から何度も読み返して、じっくりと考えることができます。

ところが、会話は話したその瞬間に言葉が消え、二度と戻ってきません。しかも、滑舌《かつぜつ》がはっきりしないと、聞き違いもしばしば起こります。

だからこそ会話においては、文章以上に、要点を意識し、筋道を立てて話さなければ、誤解が生じたり、話がかみ合わなくなったりする可能性が高いのです。

私たちは、たとえ相手の話がわからなかったり、腑《ふ》に落ちなかったりしても、大抵の場合は知らないふりをして聞き流してしまいます。

だから、自分ではよいことを言ったつもりでも、相手に伝わっていなかったということが、思った以上に多いはずです。

こうした傾向を踏まえて、相手の話をじっくり聞き、要点と飾りの部分を聞き分けることが必要なのです。そして、要点を取りだし、「あなたの言いたいことはこういうことですね」と確認します。それに対して、「私はこう考えるのです」と自分の意見を持ちだします。

そうやって論理を駆使することで、初めて会話が真に実のあるものとなるでしょう。

会話は相手があって初めて成立します。そのためには、絶えず相手の立場を考えなければなりません。

論理的な話し方のコツ

●自分の話の要点を明確にし、そこから決してぶれないこと

●もう一ついいたいことがあるときは、いったん話を区切って話題を変える

●たった一つの主張と論理的な関係のある事柄を話す

・主張の裏づけとなる具体例や体験を挙げる
・対比させる
・因果関係を示す
・理由づけをする

主張は絶対にぶれてはいけないし、ましてや羅列型は禁物

4 議論に勝つ話し方①
相手の語った「常識」や「前提」を疑ってみる

相手の要点を聞き逃すな

ここからは、議論に勝つ方法、戦いの極意を伝えましょう。

社会人のディベート団体にバーニング・マインド（ＢＭ）があります。あるとき私は、そのＢＭのキングを決める大会に、ゲストとして呼ばれて参加しました。まさに言葉の格闘技でした。そこで、このときの体験を例にして、議論に勝つ方法を説明しましょう。

決勝戦のことです。

テーマは「英語を小学校から導入する」というものです。これに対して、肯定の立場か否定の立場かを、その場の抽選で決めます。自分では肯定か否定かを選べません。そこがディベートファイトの面白く、かつ難しいところです。

抽選によって、前回のキングＡ氏が肯定の立場になりました。まず、Ａ氏が肯定論を展開しました。B氏はその場で聞き取り、次にそれに対して反論をしなければなりません。

ここで最も難しいのは、相手の要点を聞き取ることです。

これに失敗すると、ピントはずれの大失敗をしでかすことになります。まさに一瞬も気を抜けない、集中力の勝負です。

A氏はさすがに前回のキングらしく、見事に理路整然と肯定派の根拠を述べました。

①現在小学校で、すでに九〇％近くが英語教育を導入しているので、全校が導入することで教育の機会均等が実現できること。

②保護者の大多数が小学校からの英語の導入を希望していること。

③将来の国際社会に備えて、今から英語力を鍛えておかなければならないこと。

④外国人労働者が今後増加の一途をたどること。

要点を列挙すれば、このようなものでした。

A氏の話しぶり、知的な雰囲気、データを駆使した論じ方など、観衆を納得させるに足るものでした。

一角が崩されると、全体が崩れる

つづいて、B氏の反論が始まりました。観衆は固唾《かたず》を呑んで、それを見守りました。

A氏の議論は、誰もが英語の重要性を認識していることが前提でした。ところが、B氏の反論は、その前提を疑うことから始まりました。

本当に、今の日本、そして将来の日本で重要なのは、英語だろうか？日本語で考える力をまず鍛えるのが、国際社会に向けて必要ではないか？

B氏はA氏の提出したデータに関しても、疑いの目を向けました。

たとえば、外国人労働者が増加しているというデータだが、その多くは中国人やラテン系です。それならば、英語の習得には関係ないのではないか？

BM大会の審査員は観衆です。彼らの投票によりその場で勝負が決まります。

B氏の反論は観衆に強い印象を与えました。（次項につづく）

前提を疑ってみる

①相手の要点を聞き取る

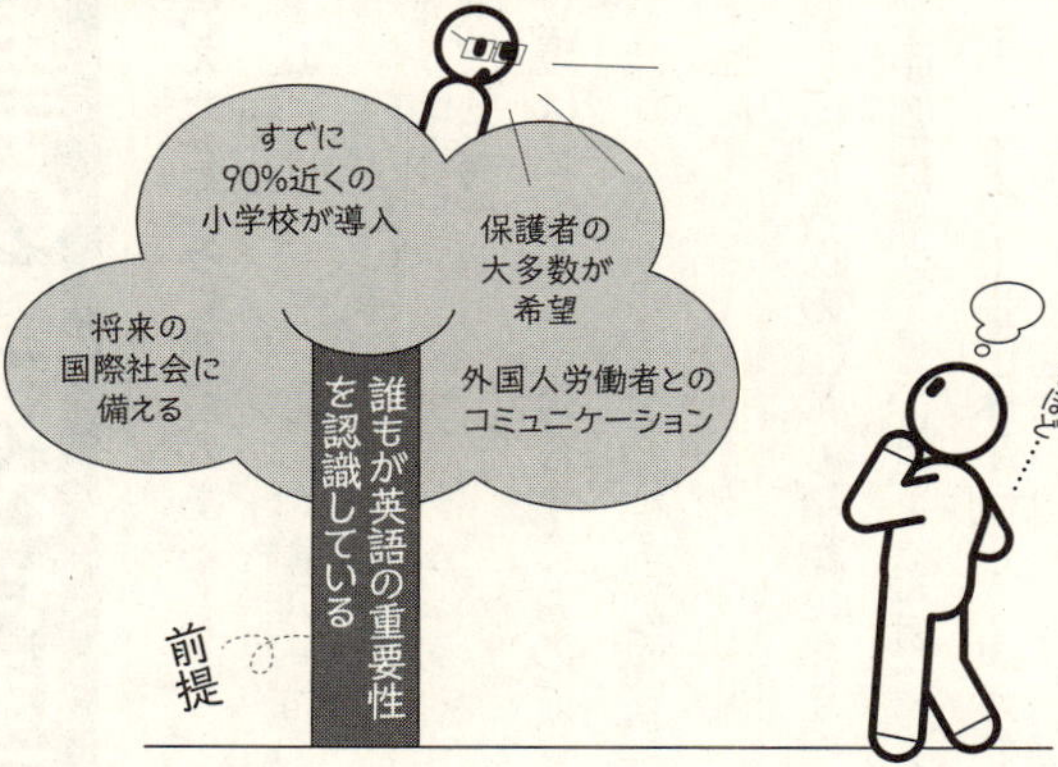

②前提を疑う

5 議論に勝つ話し方②
相手の曖昧さやほころびを突く

正しいと見えたところに弱点がある

前項のB氏の主張にも、じつは論理のすり替えがありました。「英語の小学校からの導入に、肯定か否定か」という論題に対して、国語力の重要性を訴えています。

B氏の立場は私の考えに合致するものでしたが、ディベートはどちらの意見が正しいかではなく、あくまで論理力の勝負なのです。テーマは「英語か国語か」ではありません。

それに対して、A氏の主張は精緻《せいち》に見え、A氏の圧勝かと思えました。ところが、論理で頑強《がんきょう》に構築されていただけに、たった一点でも曖昧さやほころびが見られたとき、その主張全体が怪しく思えてくるから不思議です。

A氏は、国際社会において英語が重要になると主張するが、その英語力とはどのようなものなのか？

実際、日本の教育は翻訳力を重視したもので、会話力を教育しているわけではありません。現に、私たちは中高で六年間英語を習いながら、一向にしゃべれないではないか。

では、小学校での英語とは、何を狙いにしたものか。

もし、会話力を身につけさせることが目的だったら、子どものうちからネイティブの発音を聞かせる必要があります。では、全国の小学生にいったい誰が教えるのか？　教員の確保はほとんど不可能です。

また、ゆとり教育のため（当時）、授業時間が削減され、新たに英語のための時間が確保できない。いったいどの時間で英語を導入するのか？

このB氏の質問に対して、A氏は総合学習の時間を英語に変えるべきだと答えました。これも致命的な失点になりました。

それをよしとするためには、総合学習の時間が無意味であることを論証しなければなりません。そうした手続きなしに、総合学習の時間を英語にと主張されると、A氏の議論が薄っぺらに思えてきます。

観衆が出した結論は、B氏の勝利でした。

持ちだしたデータを疑う

私たちは相手が持ちだした結論や決めつけ、さらにそれを裏づけるデータを鵜呑みにしてしまいがちです。B氏の勝利の原因は、それをまず疑ったことです。そのためには精緻な分析力、論理力が重要になります。

A氏は大多数の保護者が英語の導入を望んでいると主張し、そのデータを提示しました。しかし、英語を学校で習わせたいかと聞かれれば、大抵の保護者は当然賛成と答えるでしょう。

現在九〇%以上の小学校がすでに英語を導入しているというデータを持ちだすのなら、実際に誰が、どのような英語を、どのようにして教えているのか、そして何が成果で、問題点はなかったのか、そこまで踏み込んで論じなければならなかったのです。

精緻な分析力、論理力を使う

論理で頑強に構築されているほど、
たった一点でも曖昧さやほころびが見られると、
主張全体が怪しく思えてくる

6 議論に勝つ話し方③ ものの本質をじっくり論ずる

目玉を一つつくる

議論をするときには、相手に薄っぺらな印象を与えないことが大切です。

ビジネスの現場でも同じで、あいつは本物だ、あいつの言うことは信頼できると思わせたら勝ちです。

人間とは不思議なもので、人間としてのイメージは、ときに話す内容よりも重要視されるのです。

ディベート大会でも、観衆はそうしたイメージに判定を左右されることがあります。

では、どうすれば相手に信頼される話し方ができるのでしょうか。

前項、前々項の例でいえば、教育とは何かという、その根底の部分をつかまえずに、各論だけを取りだして賛成か反対かを論じても意味がありません。

ディベート大会では制限時間が設けられているから無理もないのですが、同じ時間ならあれもこれもと根拠を羅列するよりも、じっくりと本質を論ずるのも一つの手です。

多くの論拠を提示すれば、それだけほころびが出やすいし、反論の手がかりを与えてしまいます。観客も何が焦点なのか、わからなくなります。

実際、物事には両面があり、よい点もあれば、必ず悪い点もあります。それを一つひとつ指摘したところで、埒《らち》があきません。目玉を一つ、つくることがポイントです。

日本の教育の問題点は何か？

各論ではなく、核心に突っ込んでいく覚悟が必要です。そのうえで、順次筋道を立てていきます。

なぜ、英語が必要なのか？

小学校から導入することの意味は何か？

決して羅列型になってはいけないのです。

一番大切なことに焦点を絞る

今、ディベート大会の例をあげましたが、ビジネスの現場では勝敗よりも、相手との信頼関係を築くことこそ重要です。そのためにはまず相手の話をじっくり聞くことが大切です。そして、その要点をしっかりとつかみ取ります。

それから、「あなたのおっしゃることはこうですね」と、自分がそれを理解していることを示します。先にも言いましたが、人は自分の言うことをちゃんと理解してくれたというだけで、相手に好意を持つものなのです。

そのうえで、しっかりと物事の本質をつかまえます。

あなたの頭のなかにはさまざまな意見が渦巻《うずま》いているかもしれませんが、それをいちいち口にだすのではなく、その奥にある物事の本質は何か、それをじっくり考えます。

つまり、一番大切なことにまず焦点を絞るのです。それが、相手に「できる」というイメージを与えることになります。

相手に信頼される話し方

まず相手の話をじっくり聞く

↓

要点をしっかりとつかみ取る

↓

自分がそれを理解していることを示す

↓

しっかりと物事の本質をつかまえる

相手に「できる」というイメージを与えられる

7 大勢を納得させる話し方①
第一声で相手を飲み込む

最初の一声を放つタイミング

「論理的な話し方」の最後に、大勢の前で話すときのポイントを説明します。

会議の席での発言や講演などでの話し方です。あるいは、あなたがリーダーシップを発揮しなければならない場面では、グループを引っ張っていく話術も必要になるでしょう。


能の世阿弥《ぜあみ》は、為手《して》(主役)が最初の一声を放つ時機《じき》を「時節感当の時機」と言いました。どこのタイミングで最初の一声を放つのかが、舞台全体の成功の鍵を握るというのです。

まだ観客がざわついているときに最初の一声を放つと、最後まで締まりのない舞台となります。しかし、その一方で、声を放つ時機を逃すと、観客はまたざわめきだします。

名人はその絶好のタイミングを勘《かん》で知ると、世阿弥は言います。

いくら大声をあげても効果はない

私が男子校で講義を行っていた頃、こんな体験をしました。

私が生まれて初めて立つ教壇は、もっともレベルの低い男子校の一つでした。私は前日に講義内容を何度も頭の中でシミュレーションし、緊張して教壇に立ちましたが、すべてが無駄でした。ふと前を見ると、誰一人として椅子に座っていないのです。

誰も椅子に座っていないどころか、何人かの生徒は机の上で踊っています。カセットテープでディスコミュージックがかかっていました。

この騒然とした雰囲気の中で講義を始めると一年間この状態が続くことは、未経験の私でさえ理解できました。私は勇気を奮って大声で怒鳴りつけました。「騒ぎたければ好きなだけ騒いでいろ。その代わりお前たちが静かに席に着くまで、俺はいっさい授業をしないぞ」と言って、教科書を教壇に叩きつけました。

すると、彼らは喜んでますます騒いだのです。

こうした体験をとおして私が学んだのは、生徒が各自しゃべりだしているときに、いくら大声で怒鳴っても効果がないということでした。生徒からすれば、その怒鳴り声は自分たちのしゃべっている声にかき消され、どこか遠くのほうに聞こえるのです。

生徒には、みんながしゃべっているから、自分だけが怒られることはないという安心感もあります。いくら思い切り怒鳴ってもまったく効果はありません。

そこで、生徒が騒ぎだしたら、授業を止め、黙ったままじっくりと生徒たちの様子を観察するのです。

やがて、一人二人と「あれ、先生、授業をしていない」と気づきだします。必ず生徒全員がシーンとして、こちらを着目する瞬間があります。そのときまで待つのです。

そして、その一瞬が到来したら、ときを移さず「コラッ！」と思い切り怒鳴りつけます。静まりかえったなかでのその一声は、相手が飛び上がるほど迫力があ

瞬間をとらえて声を発する

黙ったままじっくりと観察する
ワイワイ
ガヤガヤ
シーーーーーン
全員がシーンとして、こちらを着目する瞬間がくる
コラッ！

相手が飛び上がるほど迫力

るものです。

そうなったらしめたもの。そこであれこれと説教などせず、黙ったまま睨《にら》みつける。周りが静まりかえったとき、しゃべる生徒は誰もいません。もしいれば、その生徒を怒鳴りつければいいだけです。

生徒たちは、誰もがしゃべっているから、自分だけが怒られることはないという安心感から騒いでいただけなのです。

声に人格を込める

私は講演や講義では、まずゆっくりと観客を観察します。そして、言葉に力を込めて、最初の一声を発します。

声にはその人の人格を込めることができます。何もよい声で話せというのではありません。声の温かみ、重み、切れが大切です。

講演の場合は、私も相手もお互いに初対面です。相手が私を最初に判断するのは、その声なのです。

言葉に力を込める

講演や講義では　まずゆっくりと観客を観察する

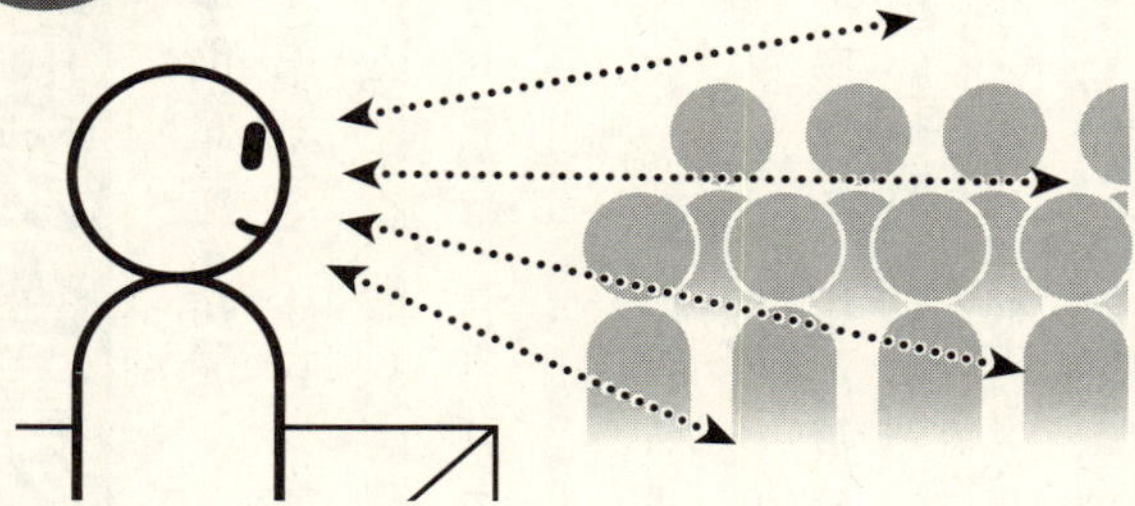

言葉に力を込めて、最初の一声を発する

●声に人格を込める

8 大勢を納得させる話し方②
言葉に「切れ」「重み」を持たせ、「間」を大事にする

会議や講演こそ他者意識を持つ

相手の弱点を鋭く突く、核心を見事に述べる、そうした言葉には切れがあります。思わず考え込ませる言葉、心に響く言葉、そうした言葉には重みがあります。

相手を納得させるのは、言葉の数ではありません。一つの言葉の切れ、そして重みです。

しかし、言葉と言葉を脈絡《みゃくらく》なく並べただけでは、相手を納得させることはできません。言葉と言葉との間には論理が必要です。

相手が大勢の場合、その相手は自分にとって他者であると同時に、相手にとっても自分は他者です。

まず相手をじっくりと観察すること。

一呼吸置いて、最初のうちは一つひとつの言葉を噛《か》みしめるように、ゆっくり

と話すことです。

滑舌《かつぜつ》を意識すること。

はっきりと発音するように気をつけるのです。そうやって話しているうちに、次第に落ち着いていきます。

聞き手もあなたがどんな人間なのか、観察しているはずです。

あなたがあがったまま、早口でまくし立てたとしたら、聞き手はあなたに信頼を置くことはとてもできないでしょう。

話題を絞り込む

人の話を一方的に聞くことは、かなり忍耐力のいるものです。ときには集中力が途切れることもあります。

だから、自分が一方的に話すときは、あまり欲張らずに、焦点を絞り込む必要があります。そして、それをじっくりと筋道を立てて説明します。

大勢を前にして話すときは、相手が不特定多数の他者ですから、より論理が重要になってきます。その意味では、二人きりの対話よりも、文章を書くことに近いといえます。しかし、話し言葉を使う限り、文章にはない武器を活用することができます。

それは言葉に思いを込めることです。

そのためには、あなたの声も大切な要素になるし、思いを込めるからこそ、一つひとつの言葉に切れや重みが備わってくるのです。

こうした言葉の力を侮《あなど》ってはいけません。同じ内容のことを話しても、人によって、話し方によって、相手の受ける印象もかなり違ってくるのです。

さらに、間《ま》を大切にします。

話し言葉は文章と違って、後から読み直すことができません。だから、大切なことを話すときには、相手が整理をし、考える時間をそれとなくつくるのです。

そのために、間を意識します。

自分のペースで話すのではなく、聞き手の脳裏に言葉が刻みつけられるようにゆっくりりと、ときには反復し、思いを込めて話さなければなりません。

大勢の聴衆に話すコツ

相手をじっくりと観察する

一呼吸置き、最初は言葉を噛みしめるように、ゆっくりと話す

（はっきりと発音するように気をつける）

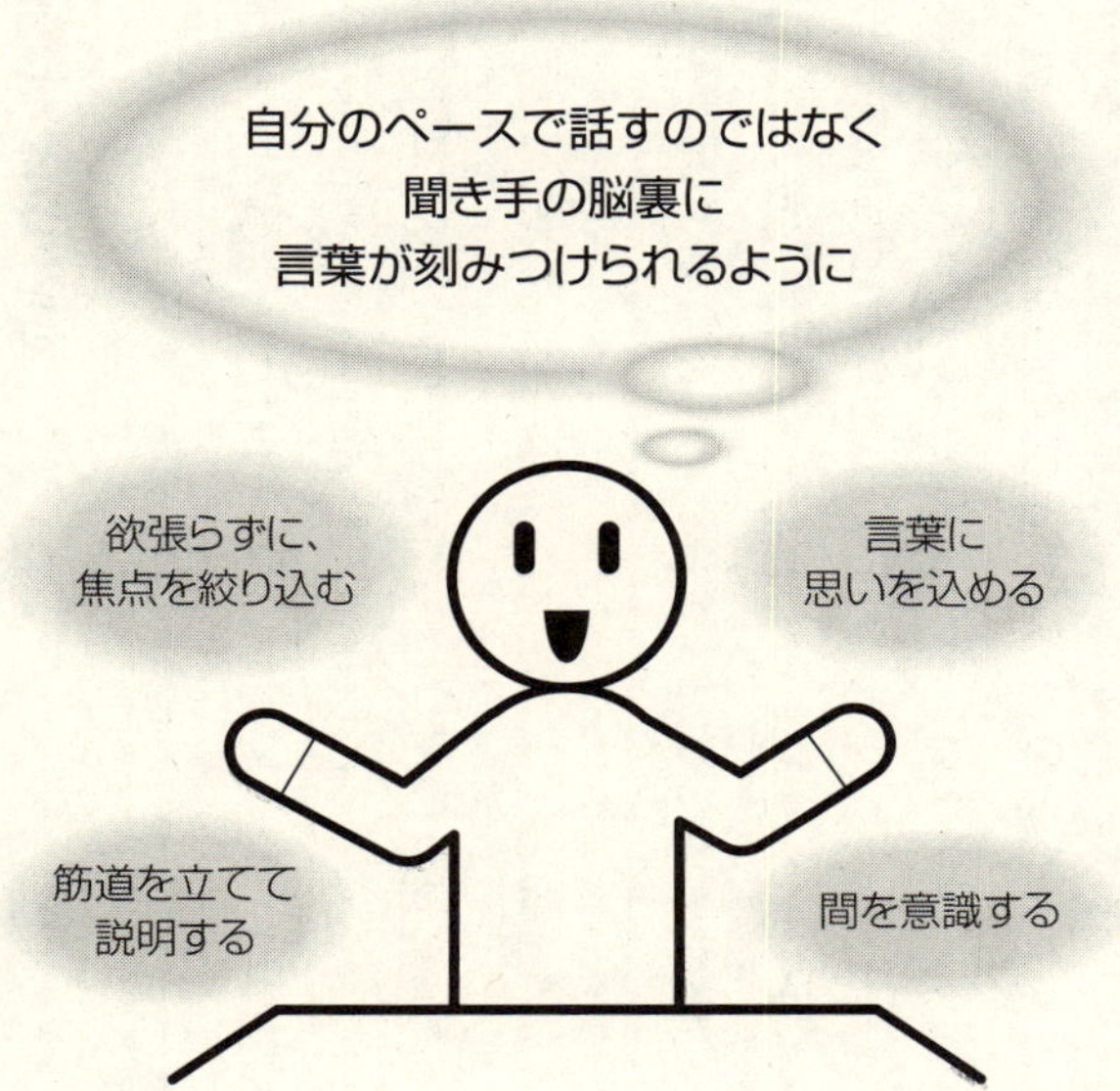

自分のペースで話すのではなく
聞き手の脳裏に
言葉が刻みつけられるように
欲張らずに、
焦点を絞り込む
言葉に
思いを込める
筋道を立てて
説明する
間を意識する

コラム
物事を帰納と演繹でとらえる

帰納と演繹については先に本文で述べましたが、この論理的な考え方を実践したことが、私自身を変え、私をここまで導いてきました。

帰納法とは、具体から一般を抽出《ちゅうしゅつ》する考え方です。一つひとつの問題はすべて異なります。そのなかから、共通の性質を抜き出して、法則化します。

一方、講義は演繹法です。一般から具体を説明します。受験で要求されるのも、すべて演繹的能力といっても過言ではありません。数学も公式（一般）をもとに、個々の具体的数値を求めればいいのです。

そこで、私は現代文の共通の法則を提示し、それに基づいて一つひとつの問題を解いていきました。うまく説明できないときは、私の公式が本当に完全なものなのかどうか検討し直しました。

そうやって、何回か講義を続けるうちに、やがてあらゆる問題がすべて一貫した方法で解けるようになっていったのです。

論理は習熟してこそ、初めて生きたものとなります。

私は文章の筋道を読み取り、講義ではそれを筋道を立てて説明します。さらには参考書を書くときにも、誰にでもわかるように筋道を立てます。

そうした日々の営みのなかで、自然と論理脳がつくられていったのであり、魔法をかけたように、特別な方法があって、ある日突然感覚的な人間が論理人間に変身したのではありません。

もし、魔法があるとすれば、今述べた帰納と演繹ではないでしょうか。人はどうしても物事の表面的な現象しか見ようとしません。そうではなく、個々の現象の共通点、その背後にある物事の本質を見極めることが大切なのです。それは決して難しいことではありません。

たとえば、毎日ワイドショーでさまざまな事件が取り沙汰されています。その個々の事件に関心を抱くのではなく、現代社会の病根《びょうこん》そのものに目を向けるのです。そういったものの見方が帰納的で、生きた論理的な頭の使い方の訓練になります。

次はあなたのものの捉え方をもとにして、個々の事件を説明してみる、それが演繹法です。

第4章

「論理的な書き方」を身につけよう

1 「話し言葉」と「書き言葉」の違い

対象は不特定多数

文章は何度も読み返される

ここまで、論理的な文章の読み方、論理的な話し方を述べてきましたが、今度は論理的な文章の書き方について話を進めましょう。

論理そのものは今までと何ら変わることがありません。そこで最初に、話し言葉と書き言葉との違いを明確にしておきます。

話し言葉はそれを発した瞬間から消えていきます。だから、多少の重複や言い間違いなどは、それほど問題にはなりません。

さらに、お互いの表情や雰囲気などで、必ずしも正確に表現しなくても、何となくわかるものです。

ところが、書き言葉となるとそうはいきません。文章は、基本的に読み手が誰かわからない、不特定多数の他者です。それだけに論理が鍵となります。

しかも、何度も読み返される可能性があるから間違いは許されません。

相手が目の前にいないので、話し言葉で有効だった相手の表情や場の雰囲気も利用できません。文章においては、まさに言葉だけで正確に表現しなければならないのです。

話し言葉はすぐに消えるものだから、多少の重複や冗漫《じょうまん》は許されますが、書き言葉では重複表現などはせっかくの文章を台無しにします。

だから、文章を書くときは、言葉の規則を意識し、論理的に表現するよう心がける必要があります。

「話すように書け」は間違い

私の受験参考書のなかに『現代文入門講義の実況中継』というものがあります。

これは講義の臨場感を表現しようと、独自のつくり方をした本です。

まず実際の講義をテープに録《と》り、それをそのまま文字に起こします。それが最初の原稿として著者である私のもとに送られてくるのですが、まさに一言一句、咳払いの音まで正確に起こされています。それを見て手を入れるのですが、私はその原稿を読んで最初愕然《がくぜん》としました。

自分では理路整然としゃべっていたつもりでしたが、論理の飛躍や誇張《こちょう》表現、さらに重複表現や冗漫な箇所などが多々あり、とても読めたものではありませんでした。

私は驚いて編集者にそのことを告げると、誰の講義でもそのまま文字起こしをすると、このようなものだといいます。それくらい書き言葉と話し言葉とでは、性質が異なるのです。

私は思いきって、重複表現や冗漫な箇所などを削除し、主語と述語のねじれを修復し、飛躍部分を補っていきました。

最初の原稿が半分ほどの分量に削減されました。

だから、「話すように書け」というのは間違いです。文章は、論理力、構成力こそ最も大切です。

書き言葉と話し言葉

話し言葉
発した瞬間から
消えていく
多少の重複や言い間違いは
それほど問題にはならない
お互いの表情や
雰囲気などで
何となくわかる
書き言葉
繰り返し読まれる
ので間違えられない
言葉だけで正確に表現
しなければならない
相手の表情や
場の雰囲気が
利用できない

2 「主語」「述語」をしっかりと押さえる

一文の要点を絞る

さて、これからビジネス文書をはじめとする、論理的な文章の書き方を解説しましょう。

文章は規則違反をすると、それが致命傷となります。相手に、あるいは上司に、あなたの能力が疑われても仕方がありません。そのためには、まず一文の規則から確認していきましょう。

主語と述語があれば一文は成立する

文は、要点とそれを説明する飾りの部分とで成り立っています。

まずは一文の要点をしっかりと押さえることが大切です。一文の要点は、主語と述語です。

「花が咲いた」

このように主語と述語があれば、一文は立派に成立します。後は、飾りの言葉をくっつけるだけです。

主語・述語に飾りをつける

「赤い花が美しく咲いた」

飾りをつけるだけで、文章はいくらでも複雑なものにすることができます。次のとおりです。

「秋も深まり空気が透き通るようななかで、毒々しい女の唇のような深紅《しんく》の花が、大きな花弁を押し広げて音もなくすうっと咲いた」

この文は一見複雑に見えますが、結局は主語と述語を押さえれば、「花が咲いた」であることに変わりはありません。

主語と述語さえしっかり押さえれば、どんな複雑な文でも自在に書くことができ、しかも、文章がねじれることもなくなります。

ただし、主語が私（僕）である場合や、前の文と変わらないときは主語を省略することも多くあります。英語では主語を省略すると命令文になるので、主語が省略されることは基本的にありませんが、日本語では主語が省略されることのほうが一般的です。

なぜ飾りをつけるかといえば、要点となる言葉は基本的に抽象概念で、それだけでは表したいものを示してはいないからです。世界中には無数の花があるわけで、「花」という言葉はすべての花の共通概念を表しているにすぎません。目の前の花を示そうとするなら「赤い花」「私の庭に咲いている花」という具合に、「花」という言葉に説明の言葉をつけることが必要になるのです。

言葉のつながりには規則がある

言葉は必ず他の言葉とつながっています。

主語と述語も、そのつながりの一つであり、言葉のつながりには、意味的なつながりと文法的なつながりとがあります。

一文の要点

主語と述語

花が 咲いた。

主語と述語 ＋ 飾りの言葉

赤い 花が 美しく 咲いた。

●飾りをつけるだけで、
文章はいくらでも複雑なものにできる

秋も深まり空気が透き通るようななかで、毒々しい女の唇のような深紅の花が、大きな花弁を押し広げて音もなくすうっと咲いた。

主語と述語さえしっかり押さえれば、どんな複雑な文も自在に書け、文章がねじれることもない

言葉のつながりを意識しましょう。

次の言葉はどの言葉とつながっているでしょうか？

①「赤い　きれいな　花」

②「とても　きれいな　花」

「赤い」も、「きれいな」も、ともに「花」につながっています。

「とても」は「きれいな」に、「きれいな」は「花」につながっています。

このように言葉のつながりには規則があります。それを知らないと、無意識のうちに「秋も空気が深まり透き通るような」のような規則違反の文を書くことになります。

これらは「意味的なつながり」で、「文法的なつながり」の代表は、「副詞の呼応」です。副詞とは用言（述語になる言葉）を修飾する言葉で、強く修飾する言葉は用言を縛ってしまいます。これが副詞の呼応です。

「まったく～ない」「まるで～ようだ」などです。「ぜんぜん～である」のような間違った使い方をしてはいないでしょうか？

言葉のつながりの規則

●意味的なつながり

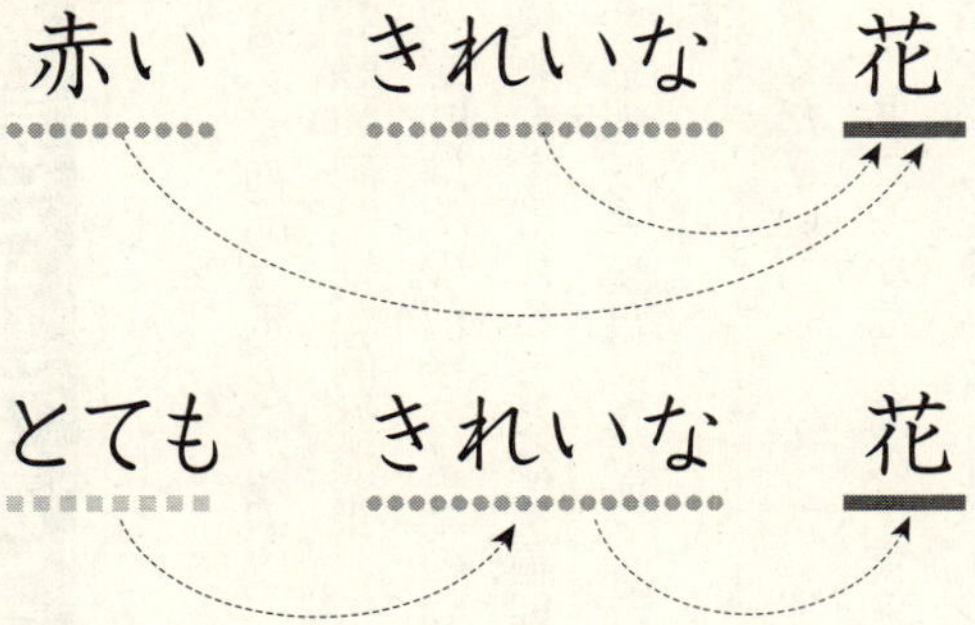

●文法的なつながり

副詞の呼応（強く修飾する言葉は用言を縛る）

例

まったく〜ない　　まるで〜ようだ

× ぜんぜん〜である

3 言葉を論理的に使って書く
「接続語」「指示語」で流れをよくする

文脈力を鍛える

すべての言葉は必ず他の言葉とつながっています。「はい」や「やあ」など、独立語と言われる感動詞だけが例外です。

そして、言葉の意味はその前後の言葉のつながりによって決定づけられるのです。そういった文脈力を鍛えることが、論理的読解にとって不可欠です。

短い一文であっても、言葉は「主語・述語」「言葉のつながり」など、規則で成り立っています。

次の文を読んでください。

「峠を　越えると　あざやかな　海の　青さが　目の　前に　広がった」

この一文の構造を図式化すると、左ページのようになります。

論理は物事を関係づける性質を持っています。これまでに説明した「イコール

接続語と指示語を意識する

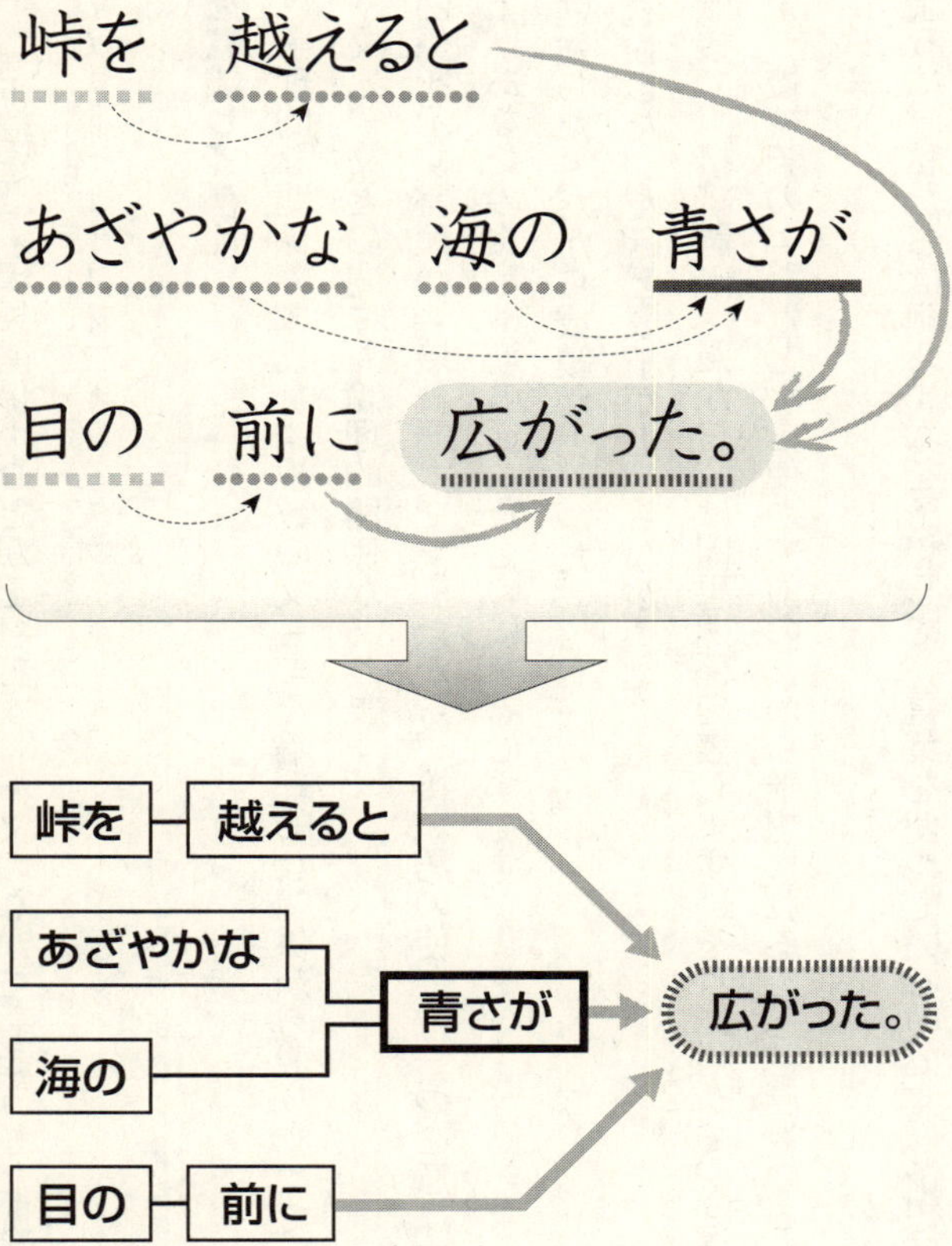

の関係」「対立関係」「因果関係」などがそれです。一文のなかでもそうした関係を保ちながら論理が使われているのです。

接続語を意識して書く

一文は論理的な関係で成立し、複数の文もまた論理的な関係から成り立っています。一文と一文との間にも論理的関係があります。

その関係を示す言葉が「接続語」です。だから、接続語の使い方一つを意識するだけで、あなたの文章は筋の通ったものになるはずです。

①私は勉強した。だから成績が上がった。

②私は勉強した。だけど成績が上がらなかった。

①は順接で、接続詞の「だから」は因果関係を表します。それに対して、②は逆接です。接続詞の「だけど」を使って前の文から予想されることと反対のことを述べています。

このように、私たちは絶えず次を予想して、言葉を使っているのです。予想通りの展開だと順接、予想に反する展開だと逆接を使います。
③彼は今回のテストで驚くべき成績を取った。つまり、クラスで一番だった。
④好きな食べ物は、なあに？　たとえば、アイスクリームとか？
③の「つまり」は「イコールの関係」を表します。④の「たとえば」は「具体例」です。
これでわかるように、文と文との間も「イコールの関係」「因果関係」「具体例」など、論理的関係で結ばれているのです。だから、接続語に着目して文を書けば、それだけでも論理的な文章になっていきます。

指示語を使って重複を避ける

あることをいったん述べた後、もう一度同じことを述べる場合、私たちは重複を避けるため、指示語を使います。指示語と指示内容との間には、「イコールの関係」があります。
「私は小説を読んでいる」

「それはとても面白い」

この場合は、「それ＝小説」となります。このように指示語も非常に論理的な記号です。

指示語を曖昧に使ったり、何でも「それ」「これ」と、漠然《ばくぜん》と指しているような使い方をする人が多いのですが、接続語と並んで指示語は論理の基本です。

重複を意識して、次の文章を読んでください。

「ぼくは授業参観日がとても楽しみです。どうしてかというと、授業参観日にお父さんの前でいいところを見せると、あとでたくさんおもちゃを買ってもらえるからです。もちろん、授業参観日にいいところを見せるとおもちゃを買ってもらえるということはお母さんには内緒ですが」

これを指示語を使えば、締まった文になります。

「ぼくは授業参観日がとても楽しみです。それはその日にお父さんの前でいいところを見せると、あとでたくさんおもちゃを買ってもらえるからです。もちろん、このことはお母さんには内緒ですが」

接続語と指示語を意識する

●接続語

私は勉強した。
だから 成績が上がった。 ▶ 順接（因果関係）

私は勉強した。
だけど 成績が上がらなかった。 ▶ 逆接

◉次を予想して、言葉を使っている

彼は今回のテストで驚くべき成績を取った。
つまり、クラスで一番だったのです。 ▶ イコールの関係

好きな食べ物は、なあに？
たとえば、アイスクリームとか？ ▶ 具体例

●指示語

◉あることを述べた後、もう一度同じことを述べる場合に、重複を避ける

◉指示語と指示内容との間には、「イコールの関係」がある

4 読み手が理解できる文章を書く
三つの論理的関係を明確にしよう

主張に対して論理関係を考える

第2章で、文章の論理的な読み方として、「イコールの関係」「対立関係」「因果関係」の三つの論理的な関係について説明しました。

今度はそれらを駆使して、論理的な文章を書きましょう。

まず、自分の主張を明確にします。

「日本人の意識の根底には非連続観がない」ということを主張したいとしましょう。この主張に対して、三つの論理的関係を考えてみます。

「日本人は国家に対して、家族に対して、非連続観を持たない」

これは具体例で、「イコールの関係」です。

さらにそれを具体的に説明すると、

「国家に対して非連続観を持たない」→戦時中、お国のためといって死んでいった

「家族に対して非連続観を持たない」→「うちの人」「うちの子ども」といった言い方をする

となります。そして、次のように続けます。

「このように日本人は国家、家族、他人、自然とあらゆるものに対して距離を置かないで、一体化しようとする」

次に「対立関係」を考えてみます。

日本人が非連続観を持たないのに対して、西洋人はどうか?

個人主義、自然を距離を置いて観察する（対象化）など、あらゆるものに非連続観を持っているのではないか?

このように、「イコールの関係」「対立関係」を絶えず頭に置いて考えます。

そして、「因果関係」を考えるのです。

「日本人は自然に関して非連続観を持たなかった。だから、自然と一体化しようとした。あるいは、だから、自然科学が江戸時代まで育たなかった」

こうやって、因果関係を使って、論理を先へと展開させていきます。

思いつくまま書いてはいけない

以上を整理してみましょう。

まず正確な一文を書きます。

次に、文と文の関係を意識して、連続した文を書きます。

さらに、短い文章でも、それがまとまったものならば、そのなかに自分の主張が一つと、その論証がなければなりません。

その際、三つの論理的な関係に則《のっと》っていなければならないのです。

Aという主張を書くなら、その具体例は何か、あるいは、何と対立関係なのかと意識します。次の文とは順接の関係なのか、逆接の関係なのか。そういった頭の思考の流れが、「そして」「しかし」「つまり」「たとえば」「だから」という接続語になっていきます。

思いつくまま書いたのでは、とても読み手が理解できるものにはなりません。

論理的な文章の書き方

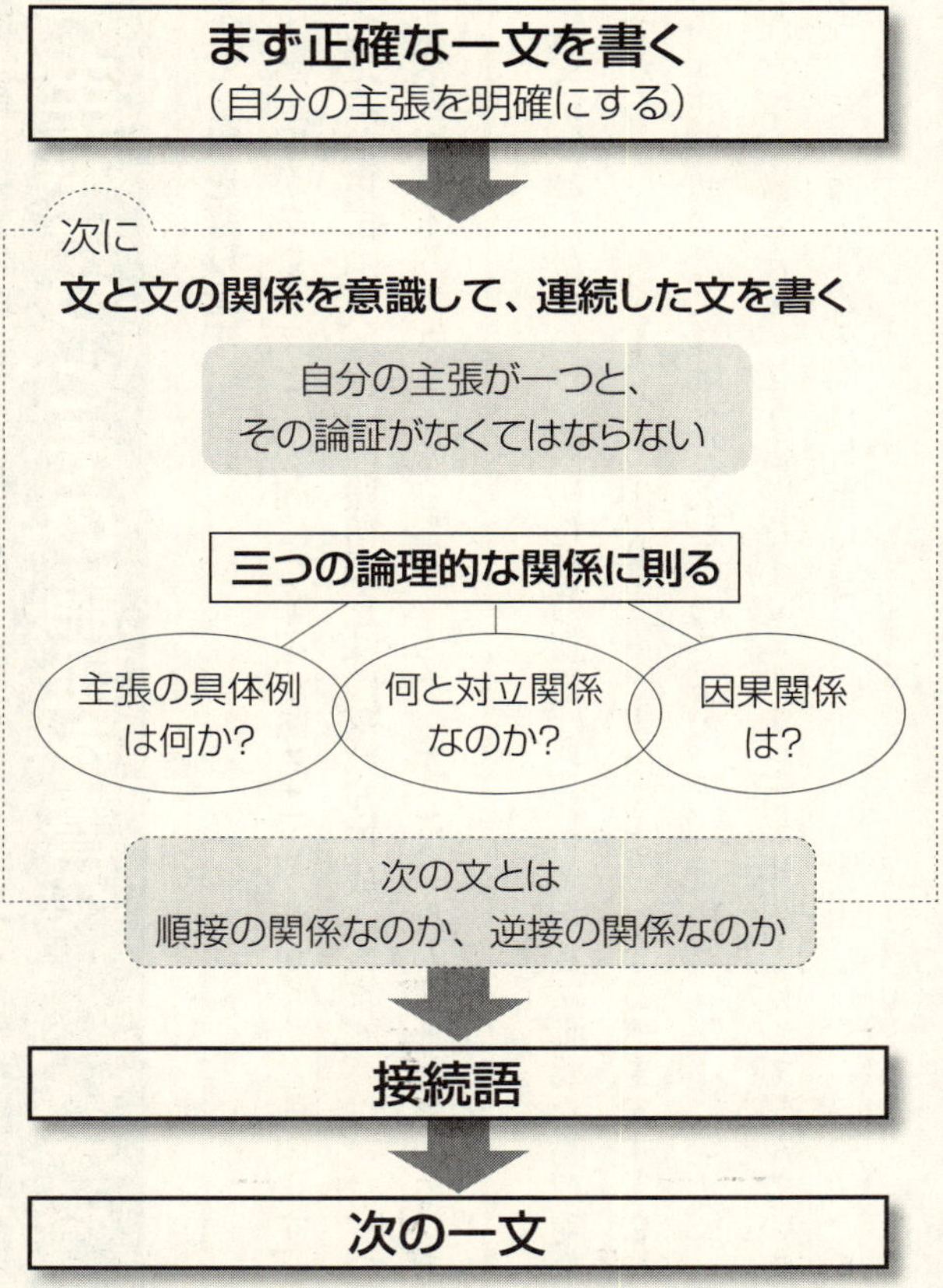

まず正確な一文を書く
（自分の主張を明確にする）
次に
文と文の関係を意識して、連続した文を書く
自分の主張が一つと、
その論証がなくてはならない
三つの論理的な関係に則る
主張の具体例
は何か?
何と対立関係
なのか?
因果関係
は?
次の文とは
順接の関係なのか、逆接の関係なのか
接続語
次の一文

5 論理的な文章の書き方①

主張一つとその論証を書く

形を変えて主張を繰り返す

一文には論理があり、文と文の間にも論理があることがわかったと思います。そうした文が集まって、一つの段落（意味段落）が形成されます。

意味段落は、基本的には筆者の主張が一つと、あとはそれの論証と考えられます。

文学的文章はともかくとして、私たちの課題はビジネスなどに必要な論理的な文章ですから、美しい文章よりも、正確な文章が書けるようになるべきです。もっとも、一本筋の通った文章は充分美しいのですが。

正確な文章の書き方を、私が書いた小文「真実は百面相」を使って学んでいきましょう。まず前半部分を掲載しましょう。

意味段落の内容

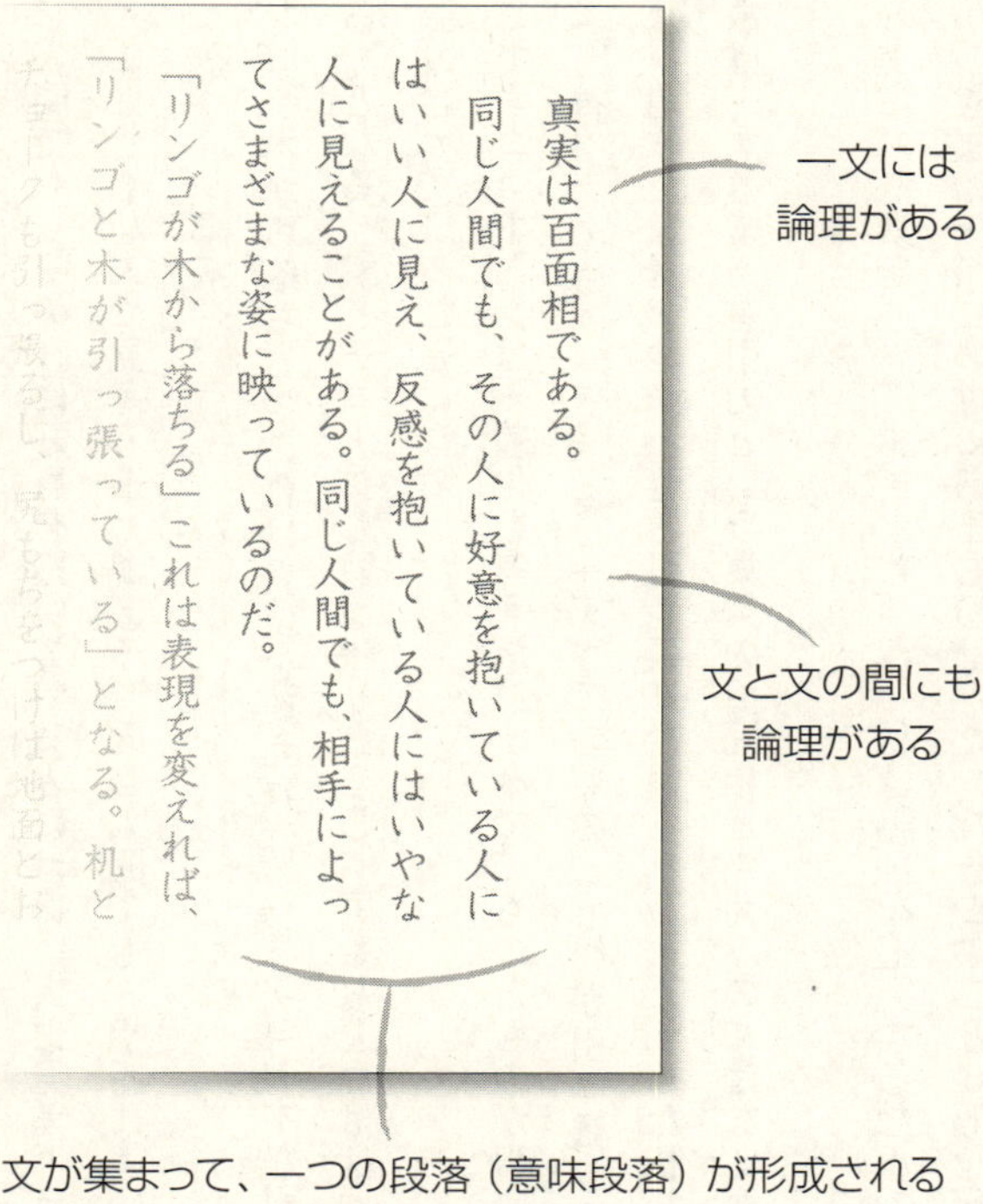
真実は百面相である。
同じ人間でも、その人に好意を抱いている人にはいい人に見え、反感を抱いている人にはいやな人に見えることがある。同じ人間でも、相手によってさまざまな姿に映っているのだ。
「リンゴが木から落ちる」これは表現を変えれば、「リンゴと木が引っ張っている」となる。机と
一文には
論理がある
文と文の間にも
論理がある
文が集まって、一つの段落（意味段落）が形成される

意味段落は、基本的には主張が一つと、
その論証を書く

真実は百面相である。

同じ人間でも、その人に好意を抱いている人にはいい人に見え、反感を抱いている人にはいやな人に見えることがある。同じ人間でも、相手によってさまざまな姿に映っているのだ。

「リンゴが木から落ちる」これは表現を変えれば、「リンゴと木が引っ張り合っている」となる。机とチョークも引っ張り合うし、尻もちをつけば地面とお尻が引っ張り合っていることになる。

そこで、ニュートンは一般化を考えた。すべてのものとものが引っ張り合っている「万有引力の法則」である。「すべてのものとものが引っ張り合っている」ならば、地球と太陽、地球と月も引っ張り合っている。こうした私たちの目の前の現象は、すべて万有引力という真実の百面相といえるのではないか。

この文章の背景を述べておきましょう。私は論理を追究するなかで、ある真実に気がつきました。この世にあるものは、たった一つのことが形を変えて繰り返されているだけではないかと。

真実は一つで、そして私たちの目の前に現れるのは、その変化した姿にすぎない。論理においては、Aを筆者の主張とすると、A'（具体例や経験など）、A''（比喩）と、すべてはAの形を変えた繰り返しです。論理が同じことの繰り返しであるということは、世界がそのように成り立っているのではないか……。

そこで、私は一つの意味段落を書き始めました。

意味段落を書く

まず主張を明確にします。
①「真実は百面相である」
がそれですが、これでは何のことかわかりません。そこで、その証拠として具体例を挙げます。

②「同じ人間でも、その人に好意を抱いている人にはいい人に見え、反感を抱いている人にはいやな人に見えることがある。同じ人間でも、相手によってさまざまな姿に映っているのだ」

具体例を一つ挙げただけでは心許ない。たまたまだと読者に思われても仕方がないからです。そこで、二つめの具体例。

③『リンゴが木から落ちる』これは表現を変えれば、『リンゴと木が引っ張っている』となる。机とチョークも引っ張るし、尻もちをつけば地面とお尻が引っ張り合っていることになる。

そこで、ニュートンは一般化を考えた。すべてのものとものが引っ張り合っている『万有引力の法則』である。『すべてのものとものが引っ張り合っている』ならば、地球と太陽、地球と月も引っ張り合っている。こうした私たちの目の前の現象は、すべて万有引力という真実の百面相といえるのではないか」

①②③を順番に書けば、一つの意味段落ができあがります。ここでは筆者の主張が一つと、あとは「イコールの関係」です。

意味段落の書き方

真実は百面相である。①

同じ人間でも、その人に好意を抱いている人にはいい人に見え、反感を抱いている人にはいやな人に見えることがある。同じ人間でも、相手によってさまざまな姿に映っているのだ。②

「リンゴが木から落ちる」これは表現を変えれば、「リンゴと木が引っ張っている」となる。机とチョークも引っ張るし、尻もちをつけば地面とお尻が引っ張り合っていることになる。

そこで、ニュートンは一般化を考えた。すべてのものとものが引っ張り合っている「万有引力の法則」である。「すべてのものとものが引っ張りあっている」ならば、……③

①まず主張を明確にする

②その証拠として具体例を挙げる

③具体例を一つ挙げただけでは心許ないときは二つめの具体例を挙げる

①②③を順番に書けば、一つの意味段落ができあがる

(ここでは筆者の主張が一つと、あとは「イコールの関係」)

6 論理的な文章の書き方②

各段落を論理で関係づける

論理的に段落をつないでいく

ビジネス文書などでは、まず小見出しがあり、その後に二、三ページの文章が続いています。それを「小見出し段落」といいます。

小見出し段落はいくつかの段落から成り立っていますが、その段落間にも論理があります。文章を書く場合にも、つねにテーマを意識しながら、論理的に段落をつないでいかねばなりません。

さて、前項の「真実は百面相」がまだ読者にわかりづらいと考えたとき、次に④の段落として決定的な例を持ちだします。その場合、その段落はまた具体例プラス筆者の主張となります。

たとえば暗い人柄の人っているのだろうか？　私たちは相手との関係や、その場の状況などによって、様々に変化するものである。友だちと目上の人とでは対応は異なるし、結婚式とお葬式とでは振る舞いに変化が生じるのは当然のことである。それなのに、私たちはその行動の一面だけを取って、「明るい」「暗い」「面白い」「けちだ」と決めつけるのである。まさに、ここでも真実は百面相なのだ。

こうした段落と他の段落とは、論理的な関係にあります。この場合は、前段落とは「イコールの関係」ですが、もし反対の例を持ちだせば「対立関係」となります。こうして、各段落が論理で関係づけられて、文章全体ができあがるのです。ある段落が他の段落と何の関係も持たないならば、その文章は論理的に破綻《はたん》しているのです（他の話題を挟み込む「挿入」は例外）。

最終結論を導く

では、最終的に何が言いたいのか。

真実が百面相ならば、神や仏も百面相で現れるのではないか。

この世をつくった創造主の姿は人の目には映らず、その声は人の耳には聞こえない。だから、そのメッセージを人に伝えるとき、創造主は百面相で現れる。その時代や場所にふさわしい姿で出現する。それゆえ日本の八百万の神々は決して多神教ではなく、たった一つの神の、それぞれの姿にほかならない。

創造主の姿の一面だけをとらえ、それを絶対とし、宗教をつくり、他の宗教を否定する。そうして殺し合ってきたのが人間の歴史であったなら、何と悲しい歴史なのだろう。

この場合、A「真実は百面相」という命題と、「日本の神々も百面相」は「イコールの関係」で結ばれています。

そして最終的に、B「私たちは百面相の一面を絶対と思いこみ、他の宗教を否定した」という結論を導いているのです。これは、A↓Bの論理的関係です。

最終結論を導く

真実が百面相ならば、神や仏も百面相で現れるのではないか。

この世をつくった創造主の姿は人の目には映らず、その声は人の耳には聞こえない。だから、そのメッセージを人に伝えるとき、創造主は百面相で現れる。その時代や場所にふさわしい姿で出現する。それゆえ日本の八百万の神々は決して多神教ではなく、たった一つの神の、それぞれの姿にほかならない。

創造主の姿の一面だけをとらえ、それを絶対とし、宗教をつくり、他の宗教を否定する。そうして殺し合ってきたのが人間の歴史であったなら、何と悲しい歴史なのだろう。

⑤ ⑥ ⑦

⑤と⑥は命題と「イコールの関係」で結ばれている

⑦で結論を導いている

各段落を論理で関係づけて、最終的結論を導く。

7 文章を書く準備
設計図をつくって全体を眺めてみる

最初に結論を決める

論理的な文章をいきなり書こうとするのは、プロでない限り至難の業です。人間の意識は、今目の前にある文章にしかいかないものです。夢中で書いた結果、あとで全体を見直すと、論理の飛躍やねじれがあり、また最初から全部書き直しということになりかねません。

それが小論文の入試なら、致命的なミスを犯したことになります。

私は大学入試の小論文の指導では、簡単なメモ書きでいいから設計図を書くことをすすめています。もちろん、これは簡単なビジネス文書でも有効です。

まず、最終結論を決めます。

たとえば、「日本の八百万の神々が世界の危機を救う」としましょう。以下、それを論証するのです。まず文章の骨となるものを取りだしてみます。

①一神教の危険性
②現代を危機に陥れているのは、一神教
③真実は百面相
④日本の八百万の神々（多神教）＝一神教
⑤八百万の神々が世界の危機を救う（結論）

とりあえず、思いつくまま、文章の要点となるものを取りだしてみました。次に、それを論理の順番で組み立てるのです。

全体を俯瞰してみる

全体の論理の流れを考えると、

A　現代の世界の危機＝一神教の論理
←　（因果関係）
B　危機を救うのは、日本の神々

こうやって全体を俯瞰します。A↓Bで、大きく段落が分かれています。

次に、各意味段落を考えます。意味段落では、筆者の主張が一つと、それに論証を加えるのが鉄則でした。

A　現代の世界の危機

①具体例（パレスチナ問題、アフガン、イラク問題など）↓イスラム教対ユダヤ教、キリスト教

②一神教＝正義か悪か↓寛容の精神がない

B　八百万の神々が世界の危機を救う（結論）

③真実は百面相

具体例（万有引力の例など）

④神も百面相ではないか？↓日本の神々は百面相のそれぞれの姿

⑤キリスト教もイスラム教もすべて根っこは同じという考え方（寛容）が硬直化した世界を救う

こうして設計図を書いて、全体を俯瞰します。どこかに論理の矛盾や飛躍がないかを確かめ、いよいよ骨に肉づけをするという最後の作業を始めるのです。

論理的な文章を書く手順

まず、最終結論を決める

↓

文章の骨となるものを取りだしてみる

↓

それを論理の順番で組み立てる

↓

全体を俯瞰する

↓

各意味段落を考える
（主張が一つ、それに論証を加える）

↓

全体を俯瞰する
（論理の矛盾や飛躍がないかを確かめる）

↓

最後の作業
骨に肉づけをする

8 魅力的な文章を書くために
「体形」と「お洒落」に気を配る

どんな美人も骸骨にすれば同じ

いよいよ文章を書いていきましょう。

文章を人間にたとえれば、まず骨があります。それが文章の要点です。その骨がしっかりしていないと、健康な人間をつくり上げることはできません。

骨にもいろいろありますが、頭蓋骨《ずがいこつ》と背骨は一つしかなく、人間の体の中心を貫いています。

頭蓋骨に当たるのが趣旨です。そして、背骨がその筋道です。

骨の周りには肉がついています。肉にあたるものが、論理的な文章であり、すなわち、具体例や体験、引用などです。

もちろん、頭蓋骨だけでなく、手や足にも骨があり、そのそれぞれに肉がついています。

まったく肉のない体は骸骨《がいこつ》にすぎず、それでは生きていくことができません。上手に肉をつけたいものです。

どんな素晴らしい文章であっても、その要約文を読んだら、おそらくそれほど感動することはないでしょう。

要約文とは骨だけの文章で、どんな美人でも骸骨を見て「綺麗だなあ」とうっとりすることがないのと同じです。

肉体や衣装などを含めて、私たちは綺麗だなあと思うのであって、文章も骨がしっかりとした文を書くべきですが、その魅力はやはり肉や衣装にあります。人を惹きつける具体例や体験をしっかりと書くべきなのです。

その際、バランスのいい体形の文章を心がけるべきです。

背骨にも手足にも肉はついていますが、胴体よりも手の肉のほうが分厚ければ均整のとれた体とはいえません。

趣旨は、しっかりと証拠や理由を挙げて論じなければなりません。

最後に化粧を施す

まず、設計図でしっかりとした骨組みをつくります。そして、それぞれの要点に肉づけをするですが、そのとき均整のとれた体形になるように、どこで最も力を入れて論証するのかを考えましょう。

そして、最後に化粧です。

人は人目を気にするから、綺麗な衣装を着て、ときには化粧をします。それと同じで、文章は人に読ませるものだから、人を惹きつける衣装を着せなければなりません。それがレトリック（表現技術）です。

美人が美人であるためには、骨格がしっかりとしていること、そして均整のとれたプロポーションで、いつもお洒落《しやれ》をしていることです。

文章を読むときは、衣装をはがし、肉を削り取り、骨（要点）だけをしっかりつかみます。文章を書くときはそれと逆で、まず骨格をしっかりつくったうえで、肉づけをしていくのです。

バランスのいい文章を心がける

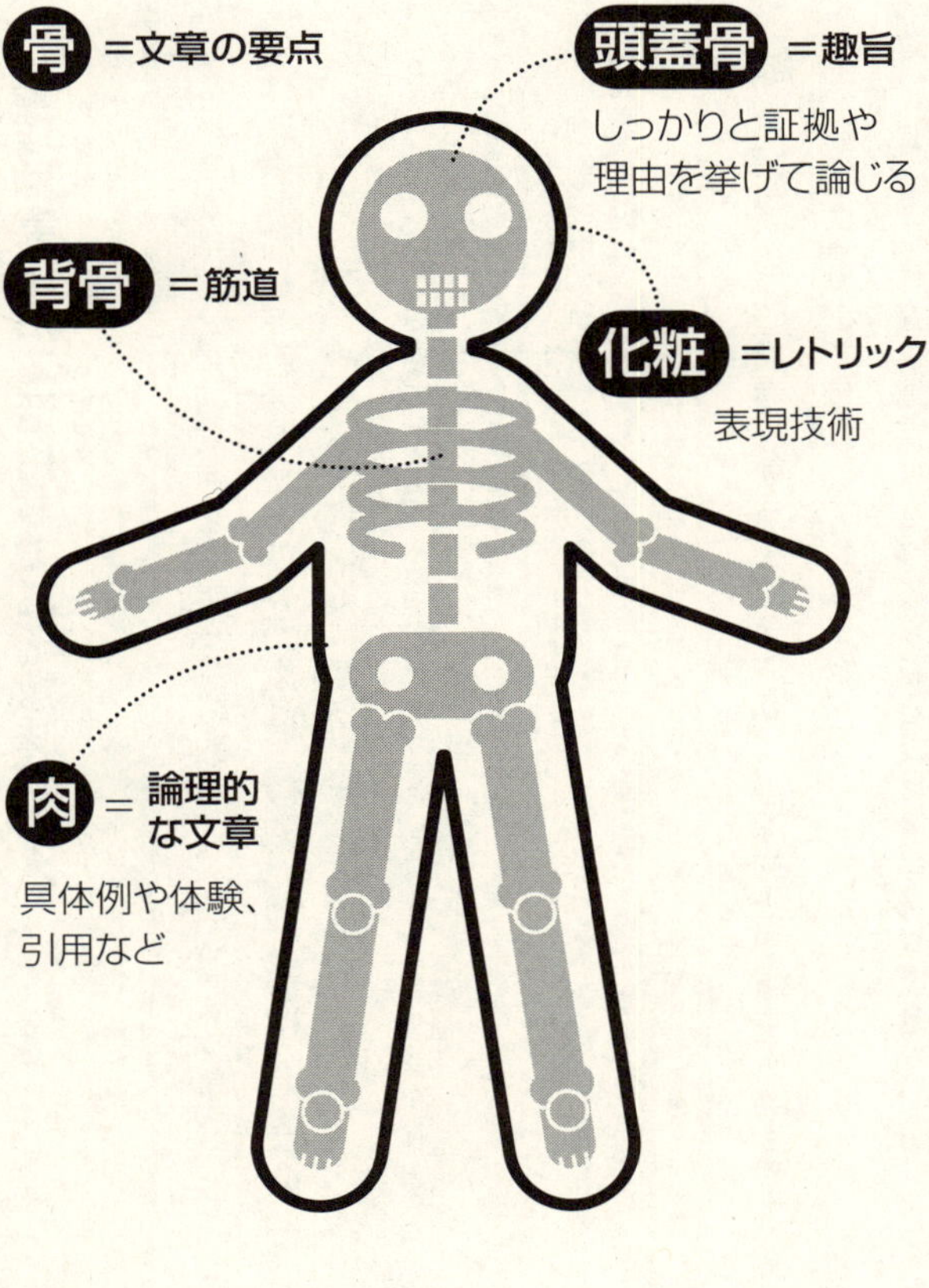

コラム

論理は実生活で活用してこそ意味がある

論理的な読解とは、文章の要点を素早く読み取ることでもあります。

文章には要点と飾りの部分とがあり、要点は一般的、飾りの部分は具体的な表現となっています。どんな長い文章でも、その要点を読み取り、次にそれらを論理的に組み立てて整理するのです。そうすれば、いつも頭はすっきりします。それが明晰《めいせき》な状態です。

だから、私は生徒にいつも頭を明晰な状態に保てと言います。

人は文章を雑然と読んでいます。だから、長い文章であればあるほど、頭の中はごちゃごちゃします。

そういった読み方と、文章の要点を抜き取り、論理的に把握する読み方とでは、決定的に違うのではないでしょうか。

その違いは何も現代文の得点になって現れるだけではありません。

膨大な文献を読み、夜を徹して勉強するにもかかわらず、一向に論文が書けない大学生がいます。おそらく、その学生は文献を雑然と読んでいるのではないでしょうか。だから、頑張れば頑張るほど、頭の中がごちゃごちゃして整理がつかないのです。

ビジネスパーソンにおいても、事態は変わることはありません。人の話の要点を聞き取れるのか、ただ漫然と聞いているのか、客との対応時、会議の場面と、あらゆる場面でその差は歴然です。

私のかつての教え子で、今は社会人ディベート大会で五年連続チャンピオンとなった強者がいますが、受験時代に学んだ私の方法が今も生きていると彼は言います。

論理は万能であり、現実の生活で活用してこそ意味があります。

私は二〇〇六年に小説『水月《みづき》』を刊行することになりましたが、三〇年前の夢がようやく実現できたのは、かつて　感覚人間であった私が論理という武器を手に入れた結果でした。

第5章

「論理的な頭」をつくろう

1 新聞で「論理的な読み方」を習慣づける

論理力を強化するために

論理的な読み方を習慣にする

最終章は、論理的な頭のつくり方です。

論理力があれば、論理的な考え方、読み方、話し方、書き方がすべて自在であると同時に、こうした頭の使い方さえ手に入れたなら、日々あなたの頭脳は自然と鍛えられることになります。

ビジネスや試験に、生涯の武器となる論理的な頭脳をどうやってつくり上げるのか、具体的な方法を述べてみましょう。

論理力は習熟しなければ使いこなせません。そのためには、毎日論理的な頭の使い方をし続けることが大切です。

大学受験生であれば、現代文だけでなく、英語、古文、漢文、小論文の課題文、さらには数学の文章題と、絶えず文章を論理的に読む。現代文でも英語でも同じ読み方を心がけるのです。

記述、論述問題では、要点を取りだし、論理の順番で組み立て直します。

そうしたことを教科を越えて実践することにより、初めて論理力が自分のものとなります。論理は、現代文の問題を解くときだけ、一生懸命に意識するものではないのです。

ビジネスパーソンであれば、新聞、雑誌、書籍、あるいは仕事上の資料、レポートなどを読むときにも論理的な読み方を心がけましょう。

新聞の随筆、社説を読む

朝の一〇分でいいから、新聞を利用して、論理力の訓練をしましょう。これは誰にでも、すぐに始められることです。

新聞は毎日手元に届けられてきます。その記事は論理的な文章で、しかも見出し段落が中心となっています。

内容といい、分量といい、まさに論理力の練習にうってつけです。

まず各新聞の第一面には随筆があります。朝日新聞なら「天声人語」、読売新聞なら「編集手帳」ですが、これらは新聞の顔というべきもので、各新聞とも力を入れています。分量も少ないので、毎日これを読むことから始めるといいでしょう。

この種の文章は引用が中心であり、その引用の使い方や慣用表現の活かし方を学ぶのには最適です。

ただし、これは論説文ではなく、随筆であることに注意してください。随筆は作者の心情を筋道を立てて述べる文章で、最終的には心情を結論とするものなので、主観的にならざるを得ません。

社説は見出し語を中心に読めばいいでしょう。

基本は時事問題なので、普遍的で含蓄《がんちく》のある文章に出合うことは少なく、さらに論理構造が単純なので、高度な論理力を身につけることは難しいのですが、朝一〇分のトレーニングとしては十分です。

上級編としては、夕刊などに寄稿される学者や評論家の論説文を利用します。

新聞で毎朝10分論理力を鍛える

引用の使い方や
慣用表現の活かし方を学ぶ

見出し語を中心に読む

上級編として、夕刊などに
寄稿される学者や評論家の
論説文を利用する

2 抽象語を使いこなそう

抽象的思考能力を鍛える

抽象語は漢字の意味から入る

私たちが言葉でものを考える限り、語彙力と思考能力には密接な関係がありま す。とくに「抽象語」が使えないときは、抽象的思考能力が芽生えにくいのです。

もともと江戸時代までの日本語には、抽象概念を表す言葉は多くはありませんでした。明治になって、西洋の書物を翻訳する際に、当時の知識人がまず頭を痛めたのはそのことでした。

明治の知識人の大半が江戸時代は武士階級で、彼らは漢文でものを考えました。そこで、抽象概念を漢語に当てはめ、それらのうち優れたものが現在抽象語として残っています。だから、抽象語は漢字の意味を中心に理解していきます。

例を挙げましょう。

「対象」という言葉は、非常によく使われ、しかも大切な言葉です。

「象」は「かたち」という意味を持ち、人偏に「象」で、人の形の意味である「像」となります。

「対」は、対面すなわち向かい側にあること。

私たちは今この場で自分の顔を見ることはできません。自分の顔を見ようとする意識が「主体」で、見られる顔が「客体」です。なぜ見ることができないのか？見ようとする自分と見られる顔との間に距離がないからです。

それならば、鏡に映せばいい。そのとき、鏡に映った自分の顔は、対面にある対象となります。つまり、物事は距離を置いて観察すればいいわけで、それを対象化といいます。

抽象語で論理力を鍛える

自然に関して、私たち日本人は昔からそれと一体化しようとしてきました。

自然は自分の内に抱くものであり、松尾芭蕉はその一体化した境地を「風流」と名づけました。

春夏秋冬と自然は絶えず変化します。そこで日本人は物事を時間の感覚で、しかも流転《るてん》するものとしてとらえました。だから、和歌でも俳諧《はいかい》でも、季節感や季語を必要としたのです。

花はやがて散るもので、それゆえ「あはれ」や「無情」を感じたのですが、結局、日本人は自然科学を育てることができませんでした。

それに対して、西洋人はあらゆるものを対象化しました。自然に対しても距離を置いて観察し、その結果、自然の規則性、法則性を発見しました。自然科学の誕生です。

そうやって、西洋人は自然を支配しようとしましたが、そこには致命的な欠陥がありました。自然を対象化するということは、人間が自然の外にいるということです。それは人間が神の視点を持つということであり、その過信が今の環境破壊を生んだのです。

このように、「対象」という抽象語一つでも、それを理解することでさまざまなことがわかってきます。これも論理力養成の一歩です。

抽象語を理解する

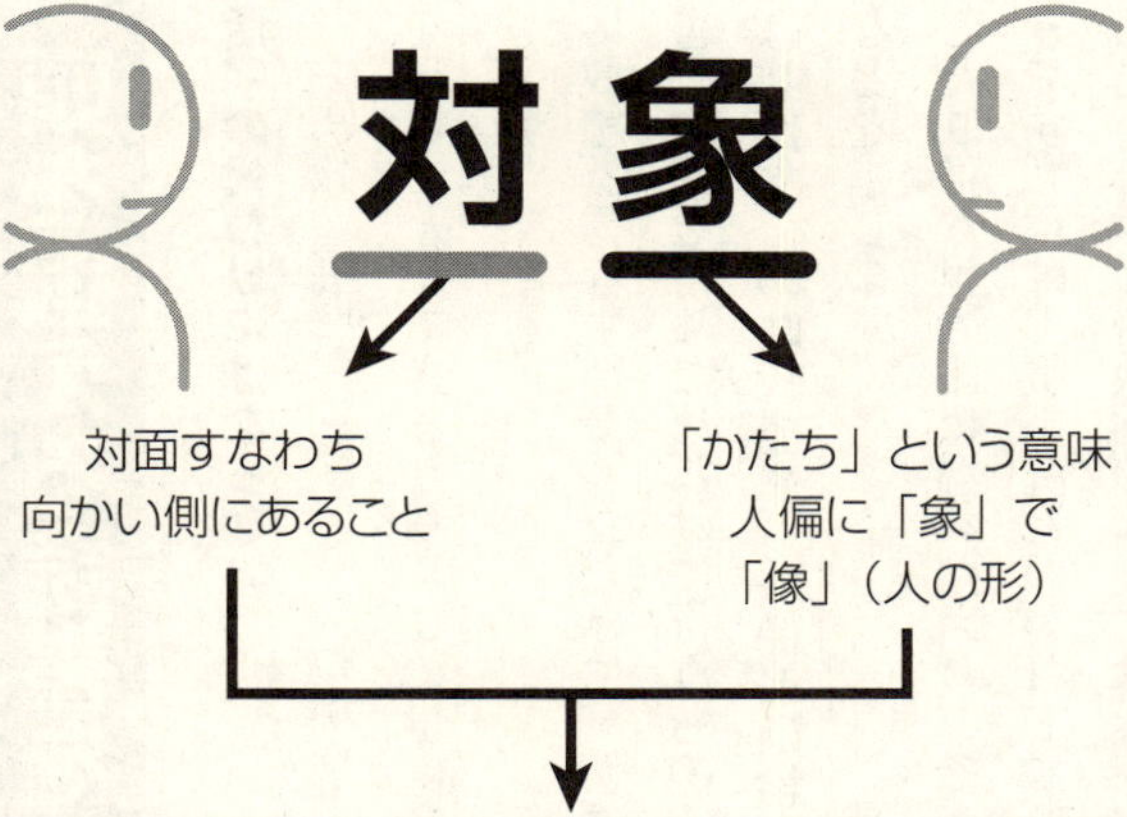
対象
対面すなわち
向かい側にあること
「かたち」という意味
人偏に「象」で
「像」（人の形）

●自分の顔を見ようとする意識が **「主体」**

●見られる顔が **「客体」**

●鏡に映った自分の顔は、対面にある **「対象」**

●物事を距離を置いて観察することを **「対象化」** という

抽象語を理解することが論理力養成の一歩

3 頭を鍛える読書をしよう

映像と活字の違い

映像は活字の代わりにはならない

以前、「なぜ、読書が必要なのかわかりません。別にテレビやインターネットで情報を得ることができるから、この世に必要ないと思います」と言う理系の生徒がいました。

非常に成績優秀な生徒だっただけに、愕然《がくぜん》としてしまいました。言うまでもなく、読書は情報を得るためだけに行うものではありません。

現在は映像文化の時代です。映像とは絵が主体のメディアで、テレビ、映画、DVDなどを指します。

こうした映像が世の中に溢れかえり、その結果活字が片隅に追いやられているかのようです。現に出版不況といわれてずいぶんとたちます。

もちろん、テレビや映画のなかには素晴らしいものがたくさんあります。それらを否定する気は毛頭ありませんが、映像は決して活字の代わりにはなり得ないのです。

たとえば、川端康成の『伊豆の踊子』を活字で読んだとします。私たちは活字を一つひとつ拾いながら、そのときの風景や生活、踊り子の容姿や衣装、そして表情を自分の脳裏につくり上げなければなりません。まさにそれは能動的、いや創造的行為にほかなりません。

それに対し、映像はそれらをすべて最初から与えてくれるのです。以前、山口百恵主演の映画を見たことがありますが、私たちは山口百恵の表情や演技を見、それを鑑賞するだけです。もちろん、それでも感動はしますが、それは受動的な行為にほかなりません。

テレビのバラエティなどが、その典型です。そこでは映像と音と言葉が一方的に流されます。

かつてあるテレビのディレクターがヒット番組のことを聞かれたとき、「いかに脳髄《のうずい》を経過せずに、人を笑わせたり泣かせたりするかだ」といった言葉があります。

その通りだと思いました。と同時に、怖くなりました。

すべてを脳髄を経過させる

映像は、脳髄を経過させずに感覚に直接訴えるから速いのです。

しかし、まさに現代の情報社会には、うってつけのメディアです。

そうやってすべてを感覚で処理したなら、私たちの脳髄はいったいどうなってしまうのでしょうか。

論理的な頭脳を養成しようとするときには、こうした映像文化を極力拒否して、すべてをいったん脳髄を経過させることこそが必要です。

論理力を鍛えるには、日本語の運用能力を高めることが大切です。

まずは、カバンにいつでも本を一冊入れて持ち歩き、電車のなか、休憩時間など、ほんの少しの空き時間にそれを取りだし、活字を拾ってみることをおすすめします。

活字で日本語の運用能力を高める

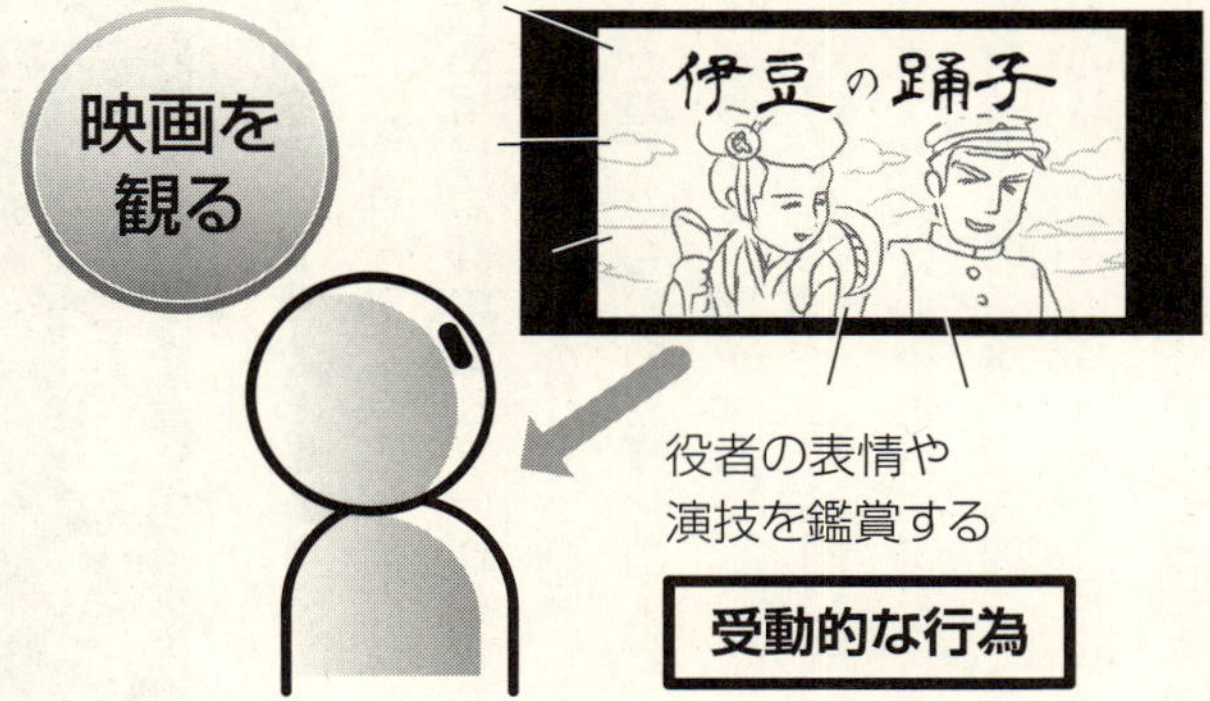
映画を観る
伊豆の踊子
役者の表情や演技を鑑賞する
受動的な行為

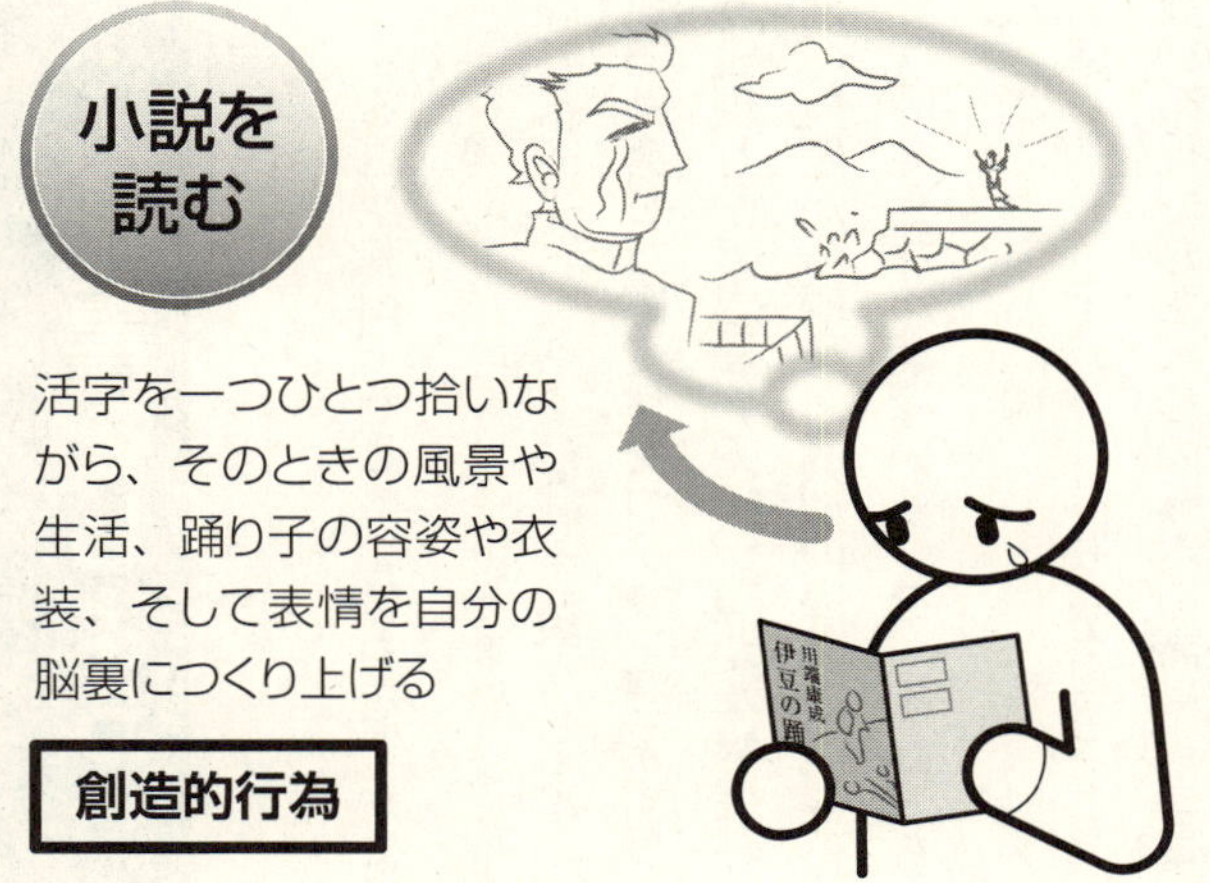
小説を読む
活字を一つひとつ拾いながら、そのときの風景や生活、踊り子の容姿や衣装、そして表情を自分の脳裏につくり上げる
創造的行為

4 詩や小説を読む

感性、想像力を高める読書をしよう

同じものを別の角度から観察する

あなたの感性を磨くなら、詩をはじめとする言語芸術、そして想像力を豊かにするためには定評のある文学作品を読むべきです。

私たちは日常生活のなかで同じものを同じ角度から見て、同じ表現をします。それがその人のものの見方を固定し、凡庸《ぼんよう》で鈍磨《どんま》した感受性をつくり上げます。

「花は綺麗だし、団子はおいしい」という表現しかできない人に、豊かな感受性などあり得ません。ときには同じものを別の角度から観察し、別の表現を試みるべきです。詩人は心の奥底にある、言葉で説明できない奥深いものを、それでもあえて自分だけの言葉に置き換えて表現します。

明治の詩人、石川啄木が生きた時代は過酷でした。人がどれほど努力しても、大きな権力に押し潰され、どうにもできない時代でした。その啄木の詩に「ココアのひと匙《さじ》」というのがあります。テロリストの心を表現したものです。

はてしなき議論の後の
冷めたるココアのひと匙を啜りて、
そのうすにがき舌触りに
われは知る、テロリストの
かなしき、かなしき心を。

誰だって愛する家族を残して、死にたくなどありません。しかし、巨大な権力に押し潰され、命を捨てて訴えなければならない人たちがいます。テロは絶対に許されませんが、啄木の生きた時代はそうした状況でした。

啄木はテロリストの悲しい心に、働いても働いても食べていけず、矛盾に満ちた社会の重圧に喘《あえ》いでいる自分の心を重ねました。

甘いココアの、それが冷めてしまった後の後味の悪さ、そうした自分だけの言葉に置き換えなければ表現できない悲しさがそこにはあります。

「ムカツク」「ビミョー」といった感情的な言葉でしか表現できない人との感性の違いは、圧倒的です。

小説は想像力を豊かにする

何か定評のある文学作品を一つ選び、ページをめくってください。

おそらく冒頭から重厚な風景描写があるはずです。それらをじっくりと読んでほしいのです。その時代の風景、風俗、その当時人々はどんな生活習慣で、どのような価値観のもとに生きていたのか、そうしたことを時代の異なる人にも理解できるように、言葉で再現してあります。

文学作品を読むことで、自分が生きていない時代の肌触りを感じることができます。そうした行為の繰り返しが、私たちの想像力を豊かにするのです。

言葉を規則に従って使えば論理となり、微妙な使い方をすれば感性となります。いずれも言語訓練として大切なものです。

定評のある文学作品を読む

重厚な風景描写をじっくりと読む

時代の
風景、風俗、
その当時人々の生活習慣
どのような価値観のもとに
生きていたのかを
理解する

活字から
自分が生きていない
時代の肌触りを
感じる

**こうした行為の繰り返しが、
私たちの想像力を豊かにする**

5 物語ることの効用
自分の体験を筋道を立てて語ろう

語ることで共同化・構造化する

人に物語る行為、これこそ論理力を鍛えるための、最高の方法です。私が多少なりとも論理力をものにできたのは、毎日大勢の生徒に向かって物語ってきたからです。

私たちは物語りたいという欲求を、本能的に持っています。

たとえば、キムタクが女の子に頬を引っぱたかれた現場を見たとしよう。周りを見渡してみても、その現場を見た人はあなた一人しかいません。そのとき、あなたはそのちょっとした事件を自分一人の胸の中にしまっておくでしょうか？　おそらく誰でもいいから話したくて仕方がないのではないでしょうか。

学校で友だちに会うまで待てなくて、すぐにスマートフォンを取りだして、誰彼かまわずかけてみる。あるいはツイートする。それが「共同化」です。自分の体験を少しでも多くの人と共有したいという願望です。

さらに、あなたは見たままを伝えるでしょうか。推測を加えて、筋道を立てて話すでしょう。ときには、すべてを知っているかのように話し書くかもしれません。これが「構造化」です。

物語るとは、こうした共同化と構造化の行為を意味します。『大鏡』も、翁が子孫たちに藤原氏の栄枯《えいこ》を物語ったことから生まれました。物語る行為は人間の本能的な欲求であり、歴史の出発点でもあるのです。

論理力とは、物事を筋道を立てて語ることから出発します。その意味では、物語る行為こそ、頭脳を鍛える最も簡単で有効な方法なのです。

恋人と語り合おう

誰でもいいので、何でも語り合える相手を身近なところで持つべきです。

それが恋人なら、なおさらいいでしょう。物語る行為がより楽しい時間をもたらします。

ただ、とりとめのない話や感情的な言葉を連発することはやめたほうがいいでしょう。

相手が誰であろうと、他者意識を持つべきです。自分の思いや考えはそう簡単には相手に理解してもらえません。だから、どうやって話せば、よりわかってもらえるだろうかと、絶えず意識する。

自分が読んだ小説を、感想を整理して、筋道を立てて説明してください。

また、相手の話の筋道を一生懸命聞き取りましょう。わかった気で話を聞き流してはいけません。必ずわかりにくいところ、論理の飛躍したところがあるはずです。そこを丁寧に質問します。

相手は自分の話を真剣に聞いてもらっていると感じ、決して不快な感情を抱くことはないはずです。

物語る行為は、論理力養成の手段であると同時に、相手とより深く理解し合う手段になります。物語ることによって、上辺《うわべ》だけでない、本当の親密な関係を結ぶことができるのです。

物語る行為が論理力を鍛える

✕ とりとめのない話や感情的な言葉の連発

物語る行為は、論理力養成の手段

＋

相手とより深く理解し合う手段

6 嫌いなものの作品を読む

嫌いなもの、大きなものと向き合う

自分の好きな作家の本は何冊も読みたいと思います。でも、嫌いな作家の作品は、めったに読むことをしないでしょう。その結果、どうしても偏《かたよ》った読書傾向になりがちです。

自分を成長させるためには、ときには嫌いな作家、苦手な作品に取り組むべきです。

一番嫌いな作家に取り組む

私は大学時代、典型的な文学青年で、感覚的な世界に溺《おぼ》れていました。

卒業論文は太宰治に決めていたのですが、担当教授にそれを拒絶されてしまいました。

私は仕方なく、次に川端康成を選びましたが、それも駄目だと言われ、自分の書きたいテーマを拒絶されて、私は動揺の色をかくせません。私は暗澹《あんたん》たる気分になりました。私の脳裏にはさまざまな作家の名が浮かんでは消えました。

最後に、半ばやけくそで「それでは、芥川龍之介にします」と言いました。先生は苦笑しながら、「それも駄目」と宣告しました。

さすがに私は愕然となり、「先生、どうして駄目なのですか？」と聞いてみたところ、「出口君、三人の共通点はわかりますか？」と教授が聞きます。私は皆目見当がつきませんでした。

先生はにやりと笑って、「三人とも自殺した作家ですよ。君はそんな作家を選んだら、死に神に取り憑《つ》かれますよ」と言ったのです。私は黙って聞いているしかありませんでした。

「君は自分に似たところのある作家にばかり惹かれているんだ。そういった作家に惹かれる部分を何とかしないと、君の将来はろくなことがない」

当時の私は感覚人間で、退廃《たいはい》的な文学にあこがれる傾向があり、独りよがりな世界にどっぷり浸かっていました。

先生はしばらく考え込んでから、「君の一番嫌いな作家は誰ですか？」と質問され、私の脳裏にはなぜか一人の作家が浮かんできました。

「先生、森鷗外です」

「よし、決まった。出口君、君はこれから森鷗外を研究しなさい」。

こうして、私の研究テーマは森鷗外に決まったのです。

かくして、私は博士課程修了まで七年間、ずっと一番嫌いな森鷗外と向き合っていくことになりました。

自分の感性だけに頼らない

私が鷗外を嫌いな理由はいくつかありました。彼が軍医であり、官僚的な臭いがしたこと、その作品も権威主義的で、知識をひけらかしているような印象を受けたことなどです。

しかし、一見そう見えた鷗外にも意外な一面が隠されていました。『舞姫』に見られるように誰よりもロマンティックな面、しかも家や国家のためにそれらを押し殺しながら、それでも晩年までその瑞々《みずみず》しい感受性を失わなかっ

嫌いな作家の小説を読む

**嫌いな作家、苦手な作品に取り組むことが
自分を成長させる**

たこと。大きな作家は決して一面だけではかれないことを、私は知ったのです。

やがて私は鷗外に惹かれていきました。

さらに鷗外を研究することで、漱石と出会い、日本の近代についての理解を深めることになりました。

じつは、私が当時夢中になっていた太宰は誰よりも鷗外を尊敬していました。その鷗外を研究することで、太宰の見方も変わっていきました。

鷗外も漱石も、日本の近代についてもわからないまま、ただ自分の感性だけで太宰を論じていたならと、今ではゾッとします。

今まで自分の独特の世界にいて、世間というものがわからなかった私が、ある意味では、初めて自分と異なる価値観を知り始めました。この瞬間から、私の論理的な頭の使い方が少しずつ身についていきました。

私は鷗外研究を通して、知の領域を深めていったと思います。物を知るとは、そういうことだと思います。

感性人間から論理人間に

嫌いな鷗外を研究する

大きな作家は一面だけではは かれないことを知る

漱石と出会い、日本の近代についての理解を深める

夢中になっていた太宰の見方も変わっていった

**自分と異なる価値観を知り始めた
論理的な頭の使い方が少しずつ
身についていった**

7 言葉が生みだす世界
読書によって器を大きくしよう

異物を呑み込もう

人は自分の器《うつわ》でしか、人の器をはかれません。

その点で、読書は器を広げるための、最高の道具です。

人はある程度自分の器が固まってしまったら、その後それを広げるのに非常に困難をともないます。ならば、早いうちに少々無理しても、自分の器を広げるべきなのです。

かつて私は、その人のためによかれと思い、善意でやったことを、何か魂胆《こんたん》があってのことと受け取られてしまい、後味の悪い思いをしたことがしばしばありました。

そういった経験を繰り返すうちに、やがてあることに気がつきました。

人は自分の器で、相手をはかっているのです。いつも利害でしか物を見ない人は、相手も同じだと思い込みます。だから、人がもっと純粋な気持ちでやっていることが到底理解できません。

そして、器の小さな人は自分と価値観やタイプの異なる人間を理解できないから、結局は人生においても大したことはなし遂げられません。

ならば、どうすればいいのか？

異物を呑み込むのです。

自分と価値観の違う人間、立場の異なる人間、どうしてもそりが合わない人間、とくに若い頃はそうした人も意識して取り込んでしまえばいいのです。

居心地のいい人たちだけで集団を形成していると、結局は小さな器のまま固まってしまいます。

読書が器を広げる

論理は他者意識を前提としますが、他者を理解するためには、器の大きさが条件となります。じつは読書こそがあなたの器を広げることができるのです。

私たちは生まれた時代も性別も決められているし、一人の人生がいくら波瀾万丈であってもたかが知れています。

自分の肉体と時間と空間の制約を受け、私たちは一回限りの人生を送るしかありません。

だからこそ、自分の狭い価値観に縛られてしまうことになります。

私は浪人時代、小さな本屋に毎日立ち寄ることが唯一の楽しみでした。

ここにはこれだけ多くの人生と思想が所狭しと並んでいる。それを好きなときに、手軽に自分のものにできる。そう思うと、本棚の前で目眩《めまい》を感じた記憶があります。

本を読むことで、男の立場で物を見ることもできれば、女の立場で見ることもできます。行ったことのない国に住むこともできます。

そして、それらはすべて言葉が生みだす世界である限り、私たちは頭脳を能動的に使わざるを得ないのです。

読書によって「人間の器」を広げる

論理は他者意識を前提とする。
他者を理解するためには、
器の大きさが条件となる
自分の器
本を読む
男の立場で物を見ることもできる
女の立場で物を見ることもできる
行ったことのない国に住むこともできる
未知の国
男の立場
女の立場
読書こそが人間の器を広げる

8 評論文で頭脳を鍛える
ストックノートをつくってみよう

「何となく」ではダメ

私はかつて東京で、ＳＰＳという小さな大学受験予備校を主宰していました。それは私が直接生徒に指導する唯一の場でした。

新しい年度の最初の授業で、私は生徒にこう言うことがあります。

「何でもいいから、今まで解いたことのある評論文を一つ取り上げ、みんなにわかるように説明しなさい」

すると、教室は静まりかえり、誰一人答えようとしません。おそらく小学校以来、彼らは膨大な評論問題を解いてきたはずです。それなのに一つも頭に残っていないのです。

理由ははっきりしています。

何となく文章を読み、何となく問題を解いたところで、その文章を理解したわけではないから、何も残らないのです。

彼らは、まるでザルで水をすくうように、小学校から高校三年になるまで一二年間勉強をし続けてきたのです。

それともう一点、評論というものがある角度からこの現代を切ったものだという認識がないのです。

評論は、それぞれ切り口、語り口こそ異なっていても、切られているのがこの現代である限り、もっと身近なところで実感できるはずだし、だから興味を持つこともできるはずです。

評論文をノートに要約してみる

そこで、私は生徒に「ストックノート」なるものをつくらせることにしています。

私の講義などで解いた評論文を、ノートの左ページに要約するのです。

その際、要約する文章の条件は、次の二つ。

①理解できた文章

②自分が興味を持ち、ストックしたいと思ったもの

右ページは空けておき、何か思うことがあれば、自分の言葉でメモをする。

左ページが問題文の要約で、筆者の言葉を中心に、右ページは自分の考えで、自分の言葉でメモを取る。

このように、引用と自分の考えとを明確に分けておくことが大切です。

夏休みに生徒のノートを点検すると、大方の生徒がぎっしりと書き込んでいます。そこで、私はこう言います。

「君たちはこれだけたくさんの文章をストックしています。これは、少なくとも君たちには完全に理解できた評論がこれだけあるということの証拠だし、右ページが埋まるということは、それだけ現代に対する認識が深まり、自分でものを考えることができるようになったということだよ」

受験生でなくても、「論理的な頭」を鍛えるためにストックノートをつくることをおすすめします。

ストックノートをつくり方

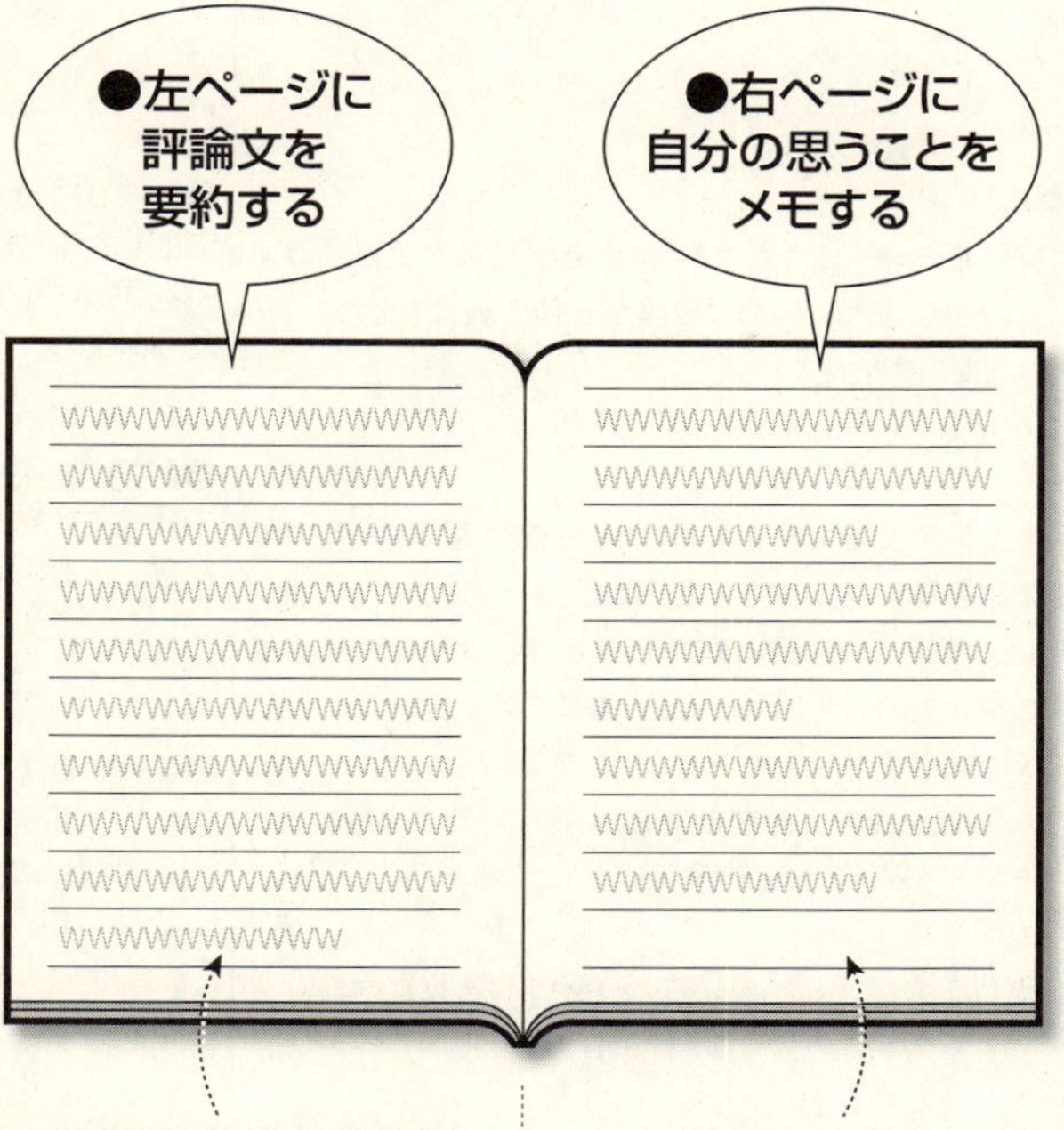
●左ページに
評論文を
要約する
●右ページに
自分の思うことを
メモする

■要約する文章の条件

①理解できた文章
②自分が興味を持ち、
ストックしたいと
思ったもの

右ページが埋まるということは、それだけ現代に対する認識が深まり、自分でものを考えられるようになったということ

Date　/　/

〈具体例〉

※環境問題——生きものとしての自然環境が生産主義によって破壊された。一部に破壊が全体の調和を脅かし、文明の死を招きかねない。

〈メモ〉

※近代主義・生産主義が神を殺し、労働の喜び、人々の連帯感を破壊し、孤独をもたらした。

※機能主義——人間の能力を生産に役立つものと役立たないものに分断し、後者の価値を認めない。

「役に立たない」といって、切り捨ててよいのか。

→人間の人格の全体性を無視し、個々の能力をばらばらに切り離して生産に利用しようとする。

人間の疎外。

→近代主義が行きづまっている現代、いま役に立たないと見えるものにこそ、行きづまりを打開する契機がひそんでいるのではないか。

●本文の主旨に即した具体例を思いついたらメモ

●最初は空白のままでかまわない。思いついたときに随時メモ

●新聞・雑誌などで関連記事があったら貼りつけておくのもよい

ストックノートの例

●作者・出典

●テーマ（なるべく大ざっぱに）

●大意（あとで読み返したとき全体像が浮かぶように）

●文中のキーワードを使って前文の文体に慣れるようにする

●本文中の評論用語をメモし、意味をチェックしておく

●ロジックのパターンがわかるものはメモしておく

岩田慶治「イバン族の臼」

〈テーマ〉文明

〈大意〉

イバン族の臼は精米の道具であると同時に楽器でもあった。臼をつくのは労働であるとともに生活者としての存在感・連帯感を実感させる楽しみでもあり、その快い音の響きは稲のカミに捧げる音楽であった。そのように、イバン族の臼は単なる道具を超えた、生きものとしてのイバン族文化の生きた部分であったのだが、合理主義の申し子である動力精米機が入ってくることにより、道具が変わり、社会・文化のありよう、そして価値観・宗教までが解体に導かれ、カミは死んだ。生きものとしての文化が、合理主義・機能主義という死んだ観念によって破壊され、われわれの文明は腐敗しかかっている。

〈評論用語〉

○特殊化　○合理主義思想　○機能　○観念

〈ロジック〉

A’－A－A”の論理構成

A’：イバン族
A　：近代合理主義による文明の危機
A”：マナ板の魚

9 頭脳を活性化する方法
ストックノートを使いこなす

感動した文章をメモしておく

ストックノートのつくり方を、もう少し具体的に説明しましょう。

受験生でなくても、毎日、新聞を読み、本を読む知的生活を送ったなら、時折忘れたくない文章に出くわすはずです。

どれほど感動しても、放っておいたら必ずその文章は消えてしまい、二度と戻らなくなります。だから、ノートにストックするのです。

できれば、その一冊のノートをカバンに入れて持ち歩き、いつでも取りだせるようにしてください。家に帰ってじっくりと勉強しようと思うと、かえって続きません。

これだと思った文章に出合ったときには、メモの感覚でその場で要約します。字数

文章の要点を取りだし、それを論理の順番で組み立て直せばいいのです。

など気にすることはありません。後で読み返して、自分のなかでその文章が蘇《よみがえ》ってくればそれでいいのです。

要約は、論理的な頭脳を鍛えるには最適の方法です。

要約するには、まず文章の筋道を理解できなければなりません。その結果、文章の要点が見えてきます。

次は、それを論理の順番に組み立て直すのですが、これがまさに何度も論理力を使うことになります。

さらに、論理的な文章なら抽象語や論理的な文体、小説や韻文《いんぶん》なら感覚的な言葉やレトリックをそこから盗み取るのです。

ストックを消化する

右ページは空けたままでけっこうです。慌《あわ》てて何かを書く必要はありません。

大切なことは、ちょっとした空き時間にノートを取りだしてみること。

自分が書いた要約文を読み返し、どんな内容だったか思い出してみてください。

いったん理解し、自分で要約した文章だから、すぐに頭のなかでその内容が再現できるはずです。

それを繰り返すうちに、やがて自分の言葉でその文章を説明できるようになります。自分の頭のなかで再現してもいいし、誰かに物語って見せてもいい。そのとき、そのストックは消化され、あなたのものとなったのです。

すると、不思議なことに、次々とそのストックに関して、いろいろなことが頭に浮かぶようになります。そのときまでじっと待つのです。

ある文章のストックを読み返したら、別のストックが頭に浮かんできた。それなら、同じノートなのだから、すぐにめくってそのストックを読み返し、右ページにメモする。

まるでバラバラなストックであるように見えても、この現代の世界という点で深いところで縦横無尽につながりを持っています。

それが見えてくると、あなたの頭は活性化し始めます。

ストックノートの使い方

1冊のノートを
カバンに入れて
持ち歩く
Stock notebook
これだと思った文章に
出くわしたら
メモの感覚でその場で要約

ちょっとした空き時間にノートを取りだす

↓

要約文を読み返し、
どんな内容だったか思い出してみる

↓

それを繰り返すうちに、
自分の言葉でその文章を説明できるようになる

↓

次々とそのストックに関して、
いろいろなことが頭に浮かぶようになる

ストックは現代の世界という点で
深いところでつながっている
それが見えてくると頭は活性化し始める

著者紹介
出口汪（でぐち・ひろし）
1955年東京生まれ。広島女学院大学客員教授、水王舎代表。
受験生たちの熱い支持を受け続けている、大学受験現代文の元祖カリスマ講師。関西学院大学文学部博士課程終了後、代々木ゼミナール、旺文社のラジオ講座などで爆発的人気を博し、伝説の講師となる。
また、論理力を養成する画期的な言語プログラム「論理エンジン」を開発し、現在、私立を中心に全国250校以上の小中高で導入されている。出口の講義であらゆる学科の基礎となる論理力を高め、偏差値が一気に上がる受講生が珍しくない。
主な著書に、『日本語の練習問題』（サンマーク出版）、『東大現代文で思考力を鍛える』（大和書房）、『出口汪の論理的に考える技術』（ソフトバンク文庫）、『出口汪の論理力トレーニング』（PHP文庫）など多数があり、その累計部数は600万部を超える。

オフィシャルサイト　http://www.deguchi-hiroshi.com/index.html

編集協力　大屋紳二（有限会社ことぶき社）
図解・イラスト　齋藤　稔（株式会社ジーラム）

この作品は、2006年11月にPHP研究所より刊行された『カリスマ講師が教える仕事で成功する思考法　[図解]<出口式>論理力ノート』を改題し、大幅に加筆・修正したものである。

ＰＨＰ文庫　3時間で頭が論理的になる本

2017年3月15日　第１版第１刷

著　者　出口　汪
発行者　岡　修平
発行所　株式会社ＰＨＰ研究所
東京本部　〒135-8137　江東区豊洲5-6-52
文庫出版部　☎03-3520-9617(編集)
普及一部　☎03-3520-9630(販売)
京都本部　〒601-8411　京都市南区西九条北ノ内町11
PHP INTERFACE　http://www.php.co.jp/
組　版　株式会社ジーラム
印刷所
製本所　共同印刷株式会社

 ISBN978-4-569-76584-6